養不走心

卓文琦
一　塵 ◎編著

煩躁、孤獨、壓力大？
你的心傷值得被好好撫

現代社會飛速發展，壓力大到直線飆升？
想預防文明病，知人知面，更要「知」自己的心！
減少抱怨、去除煩惱，擁有知足與超越的智慧

日常療癒心法 × 正念能量集中＝從此養心不

目錄

目錄

第四章　自我主宰——做心的主人

第五章　人生領悟——智慧的人生才幸福

目錄

寬心的智慧

序言

「社會正在飛速發展，而我心早已疲憊不堪。」這是某次和友人小聚時聽來的話。短短十幾個字，即描繪了目前的社會型態，同時也刻畫了在此型態下生活著的某些人的精神狀態，讓我不禁感慨萬千。

誠然，在住房、教育、醫療的壓力之下，很多人都已心力交瘁，疲憊不堪，心理處於「亞健康狀態」，如同我的友人。「鬱悶」、「憂鬱」一度成為這個時代的口頭禪，甚至有人見面就問，「最近憂鬱了嗎？」，雖然這僅僅是一個笑談，但也可以看出，現代人的心理真的出現問題了。

由於煩躁、絕望、孤獨、壓力過大而引發的憂鬱症、精神病，正有逐年攀升的趨勢。由於心理的絕望，很多人放棄了寶貴的生命，走上了不歸路。

當處境不得意時，我們的心最先受到傷害。倘若這時還不懂得寬慰你那顆受傷的心，仍對自己認定的事、物、人執迷不悟，那麼，恐怕你也在劫難逃了。

在心與靜的關係上，智者和愚者有不同的應對方式，智者轉心不轉境，而愚者轉境不轉心。

智慧的人透過轉化心態來改變對環境的看法，調整自己所處的位置，不論外在環境如何，都影響不了他的情緒，他根本不需要去「轉境」。如果他在生活中感到不適應，他也不會抱怨或強行改變無法改變的世界，而是會及時調整好自己的心態，透過改變自己的心態，將惡劣的環境，轉變成對自己有利的環境，這樣的人深諳寬心之道。

而愚蠢之人，只知道一味「轉境」，讓自己的心思跟著環境跑，這樣的人很容易受外界環境的影響。因為他只知道轉境，因而從不知道「轉心」，不知道藉由改變自己的心態來改變對事物的看法，來調整自己在環境中所處的位置。如此一來，他就會被外境所控制，從此，心隨境而轉。當環境順順利利時，人生充滿喜樂；反之，當陷入逆境時，就會心生怨憤。人受心所掌控，而非心由人主宰。這樣的人不諳寬心之道。

禪宗有一句話：「束縛生煩惱，解脫即菩提。」束縛與解脫，都是來自於同一個源頭，那便是我們的心。束縛自己，解脫自己的，都是我們自己，而不是別人。

序言

所以，人生在世，至關緊要的，就是要看管好自己的心，懂得如何寬心。

懂得如何寬心是一種大智慧，擁有這一智慧的人，當他改變不了環境的時候，他會改變自己，讓自己適應環境；當他改變不了事實的時候，他會改變自己的態度，從內心接受無法更改的事實。

面對殘酷的事實，當你有了寬心的智慧，就可以超越它，從容面對它。

寬心便是：

苦難前容山納海；

低谷時拙者先行；

擁有時知足常樂；

成名後大智若愚。

本書沒有多少高談闊論，更沒有誇誇其談，而是實實在在從生活、工作，情感的點點滴滴著手，為大家闡述如何自在生活的智慧。

閱讀愉快！

第一章 自我救贖——自在地活出彩色人生

人之一生必然會經歷磨難、經歷坎坷、遭遇挫折，誰能在歷經磨難後、經歷坎坷中、遭遇挫折時站起來，誰就能見到生命中最絢爛的色彩。反之，如果在逆境裡變得無助、徬徨、不知所措，那麼人生注定只會黯淡無光。沒有人喜歡陰暗的人生，所有人都嚮往光明，既然如此，當我們遭遇困境、厄運時，唯一的出路便是自我救贖，自己拯救自己，這樣一來，才能撥雲見日，自在地活出彩色人生。

第一節　接受當下的狀態

凱撒大帝曾說：「懦夫在死之前已經死過很多次，勇士卻只死一次。」在面對不可避免的現實時，我們要學會坦然接受。對於不可避免的現實，往往愈是逃避就愈顯被動，當你勇敢地迎接現實時，也許現實會被你無畏的氣概所嚇倒。

坦然接受無法改變的現實

有一位老人，他十分喜歡收集各種古董，一旦發現自己喜歡的東西，無論花多大的價錢都要想辦法買下來。

有一次，朋友告訴他，在跳蚤市場上發現了一個年代久遠的瓷瓶。老人聽到這個消息後，放下電話，騎上腳踏車就直奔跳蚤市場，最終，花高價把那個瓷瓶買了下來。

老人把這個寶貝綁在了腳踏車的後座上，興奮地邊哼著歌，邊賣力地踩著腳踏車。途中，由於瓷瓶綁得不牢固，只聽見「框啷」一聲，瓷瓶從腳踏車後座掉到了地上，摔得粉碎。

老人聽到清脆的響聲後，居然連頭也不回地往前騎，嘴裡哼著歌繼續騎車前行……

這時，路邊的一位行人對他大聲喊道：「老先生，你的瓷瓶摔碎了！」

「摔碎了嗎？聽聲音一定是摔得粉碎，無可挽回了。」老人沒有回頭，只是大聲地回應著那個行人。

「真是個怪人！」

「摔碎了，多可惜呀！」

在路人的惋惜聲中，老人的背影消失在人流之中。老人始終沒有停下來，甚至沒有回一下頭，就那樣瀟灑地走了。

面對既成現實，老人沒有絲毫沮喪、抱怨，而是徑直離去，這是怎樣一種豁達的胸懷？然而，世間俗人鮮少有能達到這種境界的，當面對心愛之物，巨額財富喪失時，多數都是捶胸頓足，後悔不已：「真該死！怎麼不搭計程車回家呢？走路也安全啊。」有人因過分責怪自己而長期生活在悔恨中，從此，生命的天空裡一片陰霾。

俗話說：「天有不測風雲，人有旦夕禍福。」對已然發生的不幸，如果一味地難過，悔不當初而不能自拔，不僅於事無補，還會節外生枝，釀成更大的不幸。有一句名言說：「對必然之事，要輕快地加以接受。」這句話在耶穌誕生前幾百年前就流傳開來了。在荷蘭阿姆斯特丹的老教堂廢墟上有一行英文，它的中文意思是：事情既然如此，就不會另有他樣。

在《哈姆雷特》一劇中，莎士比亞以極其傳神的筆觸塑造了一個憂鬱、優柔寡斷的形象，即主角哈姆雷特。身為一個王子，哈姆雷特原本有一位受人尊敬的父親，還有一位溫柔美麗的母親，但是這完美的一切很快就被貪婪、殘暴的叔父所破壞。對於發生在自己身上的一切，哈姆雷特王子幾乎不能接受，可是偉大的理想和人文主義的情懷時時撞擊著他的內心，於是他便成了「思想上的巨人，行動上的侏儒」，他一度試圖以離開自己的國家來逃避現實。但是，當哈姆雷特即將與雷爾提進行搏命的最後決鬥時，他終於決定不再逃避現實，而是要坦然接受眼前的這一切。哈姆雷特的選擇流露了莎士比亞個人對於生活的理解：死亡其實並不可怕，如果它總有一天都會到來的話，那我們還不如大大方方地接受它。

莎士比亞勸我們勇敢地接受不可避免的事實，把握現在的分分秒秒，快快樂樂地活出生命的精彩。

凱撒大帝曾經說過：「懦夫在死之前已經死過很多次，勇士卻只死一次。」在面對不可避免的現實時，我們要學會坦然接受。對於不可避免的現實，往往愈是逃避就愈顯被動，當你勇敢地迎接現實時，也許現實會被你無畏的氣概所嚇倒。

人的一生，就像漂泊在大海裡的一艘小船，有風平浪靜也有狂風巨浪。有些事情的發生，有時很偶然，突如其來，防不勝防，是我們的能力所不及的。只要你以菩薩心腸對待生活，菩薩也會以祂的心腸善待你！既然已經發生了，我們就應該冷靜地面對，最大限度地減少損失，以積極的心態將壞事變成好事，沮喪、逃避、苦惱，後悔而不能自拔，只會讓事情變得越來越糟！

猶太人有這樣一句格言：「對必然之事，輕快地加以接受。」在充滿壓力、憂鬱、焦慮的世界，忙忙碌碌的人們比任何時候都更需要這句話。唯有如此，我們才能夠省心省力，才能徹底地從痛苦中解脫出來，去創造一個和諧、安詳的內心世界。

時刻保持一份淡然的心境

在《莊子．人間世》中提到有一個人叫支離疏，他的外型是造物主的一個傑作，或者說是造物主在心情愉快時開的玩笑：脖子像絲瓜，腦袋形似葫蘆，頭垂到肚子上，而雙肩高聳超過頭頂，頸後的髮髻蓬蓬鬆鬆似鳥巢，背駝得兩肋幾乎與大腿並列，因其形體支離離、疏疏散散，所以取名為支離疏。

支離疏並沒有怨恨上天的作弄，反倒感謝上蒼獨鍾於他。

平日裡，支離疏樂天知命，舒心順意，無拘無束。替人縫補衣服、簸米篩糠，以此糊口度日。

當君王準備打仗，在國內強行徵兵時，青壯漢子如驚弓之鳥，四散逃入山中。而支離疏呢，偏偏聳肩晃腦去看熱鬧。他這副尊容誰要呢，所以他才那樣無拘無束。

當君王大興土木，準備建造皇宮而攤派差役時，庶民百姓不堪騷擾，而支離疏卻因形體不全而免去了勞役。

每逢寒冬臘月官府開倉賑貧時，支離疏卻欣然前去領到三盅小米和十捆粗柴，仍然不愁吃不愁穿，一副怡然自得的樣子。

一個在形體上支支離離、疏疏散散的人，尚能樂天知命。以自然的心性，安享天年。對於一個四肢發達，頭腦健全的人來說，又怎麼可能做不到以自然的心性，快樂一生呢？

如果你用一顆晶瑩剔透的心，一種恬靜淡然的心境去欣賞這個世界上的每一處美景，那麼在你眼裡，整個世界都如你心境一般純淨；反之，如果你有同塵俗之人一樣的汙濁泥濘的心境，那麼你就會像厭惡自己一樣對整個世界感到噁心。

人在喧囂浮躁中容易急功近利，但如果有了一份淡然，就可以了卻浮躁的心境，尋覓一個清靜幽淡的所在，獨享那份安詳與平和，心不為世俗所擾，身不為物欲所驅，保持自然的本性，昇華內在，淨化情感，滋潤心田。

當然，淡然並不是讓你在現實中碰釘子，就歸隱山林，以梅為妻，以鶴為子，藉以躲避現實，躲避世事紛擾。

淡然應是一種淡泊，一種超脫，更是一種平靜。平靜是一種心態，寧靜、澄清、空明。

保持心靈的淡然和從容，在平靜中蓄集生命的力量，像枯葉一樣寧靜，得意時淡然，失意時坦然，淡淡地生活，靜靜地思考，讓心境變得廣闊。

正是這份淡然，映照了你生命的神聖與崇高，使你覺得天地遼闊與曠達……

正是這份淡然的施惠，使你覺得世界的美好，人生的多彩……

人生是漫長的，但在歲月的長河中不過是滄海一粟。生命是一個過程，歲月的長河會把我們帶向人生的一個又一個驛站，回眸的剎那，也許會發現許多寫錯的段落，所以我們品嘗到了人生的酸甜苦辣。所有成敗得失，有時候就在一念之間，所以我們有時會開心至極，也會惆悵萬千。

月盈則虧，水滿則溢，這是世上常理。否極泰來，榮辱自古周而復始。因此，你不必盛喜衰悲，得喜失悲。

在大得大失、大盛大衰面前，應保持一份淡然的心境。

人可以不偉大，但至少要有一顆一塵不染的心。無論你置身於擁擠的鬧市，還是倚靠在海邊寧靜的礁石之上，只要有寧靜的心境，一切外界因素都不再重要，每個人都活在自己的心境裡。

既要承受痛苦，也要享受生活

上帝問三個普通人：「你們來到世間是為了什麼呢？」

第一個人回答：「我來這個世界是為了享受生活。」

第二個人回答：「我來這個世界是為了承受痛苦。」

第三個人回答：「我既要承擔生活給我的磨難，又要享受生活賜予我的幸福。」

上帝對前兩個人各打了五十分，對第三個人打了一百分。

人世間充滿歡樂與痛苦，只有適應這種環境的人才能生活。身為上帝，祂的本意是告訴人們，圍繞人的生活目的，向我們展示了「享受生活」、「承受痛苦」、「既承擔磨難，又享受幸福」這樣三種類型的人。應該承認，「既承擔磨難，又享受幸福」，道出了我們生活的真諦。

生活是什麼？「生活是一條路，怎能沒有坑坑窪窪；生活是一杯酒，包含著酸甜苦辣」。正由於生活之路坎坷不平，禍福相依，只有勇於承擔磨難，才能享受幸福，而享受幸福，又是承擔磨難的動力；因此，我們既要承擔生活的磨難，又要享受生活賜予的幸福。唯其如此，我們必須努力奮鬥。

只「享受生活」的人，好逸惡勞，幻想過不勞而獲的寄生生活，於是遊手好閒，飽食終日，無所用心。這種人會遇到兩大難題：

第一，從物質上說，沒有播種，哪來收穫？人人索取，誰來奉獻，坐吃必然山空；第二，從精神上說，他們貪圖享樂，沒有承受痛苦的思想準備，一遇不幸，便捶胸頓足，呼天搶地，無法活下去。

這兩大難題，他們根本無法解決，因而便失去了生活的依憑。

只「承受痛苦」的人，認為世間充滿痛苦，人來到世間，就是為了承受痛苦。你若要反駁，他們會讓你追根溯源：如果不是這樣，那為什麼人來世界第一聲總是哭呢？這種人聽天由命，逆來順受，活得累極。他們沒有理想，萬念俱灰，缺乏生活的勇氣和信心，不能衝破黑暗，走向光明，最終只能被苦難毀滅掉。

法國作家羅曼．羅蘭說：「生命是建立在痛苦之上的，整個生活貫穿著痛苦。即便如此，我們依然要抓住機會，去享受生活中的點點滴滴。」的確，不管我們在生活中遭受怎樣的苦難，都不要忘了在苦難中去品味人生的甘甜。

在生命旅途中，當痛苦、絕望、不幸和災難向你逼近時，你是否還能享受當下的陽光？只有那些在絕境中仍能抓住一絲快樂的人，才能領悟人生快樂的真諦。

其實，人生免不了要遭受不幸和痛苦，痛苦對人同樣有所裨益。這就如同沒有大氣壓力，人的身體就會爆炸一樣，人假如沒有艱難和不幸相伴，任何需要都能得到滿足，那麼，人生也同樣毫無樂趣可言。所以，只要你有好心情，在任何情況下，遭受的痛苦越深，隨之而來的喜悅也將會越大。

正如一位哲人所說：「一個人，既要承受痛苦，也要享受快樂，這才是完美和有價值的人生。」

既然上帝不讓我們成為享樂主義者，也不忍心讓我們成為苦行僧，那麼，讓我們笑看人生，既承受痛苦，也享受生活吧！

不攀不比，活在當下的角色裡

有一位國王在花園裡散步，看到園裡很多花草樹木都枯萎了，園中呈現出一片荒涼的景象。

國王從管理花園的園丁那裡了解到：橡樹由於覺得自己沒有松樹那麼高大挺拔，因此輕生厭世死了；松樹因為覺得自己不能像葡萄那樣結出累累碩果，也死了；葡萄哀嘆自己終日匍匐在棚架上，不能直立，不能像桃樹那樣開出美麗可愛的花朵，於是也選擇了死；牽牛花也病倒了，因為它嘆息自己沒有紫丁香那樣芬芳；其餘的植物也都垂頭喪氣，無精打采，唯有最不起眼的心安草依然茂盛地生長著。

國王來到一株心安草前問道：「小小的心安草啊，那麼多植物都枯萎了，為什麼你這小草這麼勇敢、樂觀，毫不沮喪呢？」

小草回答說：「尊敬的國王，我一點也不灰心喪志，因為我知道。如果國王您想要一棵橡樹，或者一棵松樹、一叢葡萄、一棵桃樹、一株牽牛花或是紫丁香等等，您就會叫園丁把它們種上，而我知道您對我的期許就是要我安心做小小的心安草。所以我活在當下的角色裡，活得快樂自在。」

國王聽罷，感嘆不已。

《牛津格言》中說：「如果我們僅僅想獲得幸福，那很容易實現。但我們希望比別人更幸福，就會感到很難實現，因為我們對於別人幸福的想像總是超過實際情形。」人各有所長，各有所短。我們既不能專以己之長，比人之短；也不應以己之短，比人之長。

古人曾留下這樣一句話：「人比人，氣死人。」的確，如果你事事與人比，煩惱就會比別人多。而煩惱一多，疾病就會纏身。

那麼，如何消除這種攀比心理，自在地活在當下的角色裡？

(一) 透過自我暗示，增強自己的心理抗壓性。

自我暗示又叫作自我肯定，是指透過積極地敘述個人預期目標，實現大腦中堅定而持久的積極認知，擺脫陳舊的、否定性的消極思維模式。自我暗示是一種強而有力的心理調節技巧，可以在短時間內改變一個人的生活態度和心理預期，增強個體的心理抗壓性。實際表現為帶有鼓勵性質的語言、符號以及動作。比如，當看到別人比自己好時，在心中默念「其實我也非常棒」之類的語句，久而久之，盲目比較的習慣就會有所改善。

(二) 盡可能地縱向比較，減少盲目地橫向比較。

比較分為縱向比較和橫向比較。縱向比較是指個體和過去的自己比較，找出長期的發展變化，以進步的心態鼓勵自己，從而建立正向的反饋機制，幫助個體樹立堅定的信心。橫向比較是指個體與周圍其他人的比較，有助於找到自己的不足，以便朝著更好的方向發展。但是由於競爭的日益激烈，人們往往會陷入橫向比較的誤區，忽略了縱向比較。縱向比較有利於我們更清醒地認識自我。

攀比從來都沒有確實根據，像世界上的每個人一樣，你是獨一無二的，有著獨特的優缺點、天賦和能力。你的遺傳、背景和生活經歷和對事物的理解組合在一起，使你與別人都不同。這無關優劣，只是事實差異而已。

懂得欣賞生活中的美

湯姆一家於去年冬天搬到了有「火爐」之稱的某座城市。這年夏天，他和家人將在這裡度過第一個炙熱的夏天。

剛到四月份，湯姆就開始為如何過夏天擔憂起來……

一天，他開車到小鎮的加油站加油，和加油站的主人布魯克爾先生聊起這裡可怕的夏天。

「哈哈，為了過夏天而擔憂，真的有那個必要嗎？」布魯克爾先生說，「對炎熱的害怕，只會使夏天來得更早，結束得更晚。」

湯姆付錢時，他意識到布魯克爾先生說得對。在自己的感覺裡，夏天不是早已經來了嗎？

「這個該死的夏天。又將是三個月的熱浪肆虐！」儘管湯姆認為布魯克爾先生說得對，但還是免不了發發牢騷。

「像迎接一個驚人的喜訊那樣對待酷暑的來臨吧，」布魯克爾先生說著，一邊為湯姆找零，「千萬別錯過夏天送給我們的各種最美好的禮物……」

「難道這該死的夏天還能給我們帶來最美好的禮物？」湯姆急切地問。

「難道你從來沒有在凌晨五六點起過床？你想想，六月的黎明，整個天空掛著漂亮的玫瑰紅，就像少女羞紅的臉；七月的夜晚，滿天繁星就像深藍色的海水；一個人只有在常人無法承受的高溫之中跳進水裡，他才能真正體會到游泳的樂趣……」

當布魯克爾先生去替另一輛車加油時，站在一旁的年輕加油站員工卡特微笑著對湯姆說：「先生，今天你得到了布魯克爾的特別服務——他的人生哲學，這是你開汽車跑多少里路也無法學到的。」

讓湯姆驚奇的是，布魯克爾先生的話果然有效，他不再害怕夏天的來臨了。

當高溫天氣真的到來時，清晨，湯姆在天堂般的涼爽中修剪草坪與花木；中午，他和孩子們舒舒服服地在家裡睡覺；晚上，他和孩子們在院子裡踢足球，吃冰淇淋，喝冷飲，真是痛快極了。

整個夏天就在這種愉快的生活中悄然度過。

其實，美妙的風景就在你身邊，關鍵在於你是否有欣賞風景的心境。

生活中，常常有人抱怨：「快樂究竟在哪裡，它為什麼總與我擦肩而過，與我無緣呢？」其實，不是快樂與你無緣，而是你的牢騷太多，貪欲太大，「吃碗內，看碗外」。明明快樂就握在手心裡，偏偏卻不著邊際地遐想。心裡盤算著可能還會有更好的，於是便放棄已擁有的快樂，去追尋那些虛無縹緲的美好。要知道，這樣做只會換來酸澀的苦果，真是得不償失！

藝術大師羅丹曾說過這樣的一句話：「這個世界不是缺少美，是缺少發現美的眼睛。」倘若說欣賞自然之美需要睿智和一雙善於發現真諦的眼睛，那麼欣賞人間真情，則需要有細膩的情感。在高速發展的現代社會，大多數人因生計而疲於奔波，身邊的零散瑣碎的事情往往被忽略了，漸漸地把日子過得寡然無味，一頭霧水，不知道生活到底為了什麼？

身邊的瑣碎事情看起來淩亂而繁雜，人們在不經意中大多放棄了尋找美好，長時間的漠然必然麻木不仁，也就無從談起美的發現。

欣賞美其實很簡單，如果你對內在世界的美麗漠不關心，那你無論如何也看不見外在世界的美麗。屏除偏見和固執，一種前所未有的美就呈現在你眼前了，因為美就在你的心中。找到心中的美，生活中處處都能找到美。

美的極致便是安詳，美是一種毫無偏見的愉悅。人如果能拋棄偏執，丟下無謂的煩憂，哪怕一片樹葉，一朵小花，都能發現它的美，只要用心，生活中的美和喜悅便會不請自來。

生活不都是快樂和幸福，同樣生活也不可能全是落寞和寂寥。用一種欣賞美的眼光去看看陽光和雨露，恬淡而愉悅，用一種欣賞美的眼光去看看花草樹木，清新而爽快，用一種欣賞美的眼光去看看大海，遼闊而深遠……

生活中的美充斥在各個角落，要的是你學會發現，學會欣賞。練就一種修養，一種品味，去適時捕捉和欣賞生活中的美。為心靈開一扇窗，讓智慧的光芒和生活中炫目多彩的美呈現在你眼前。

做一個身心安頓的人

一個小沙彌隨侍景岑禪師多年，一直逍遙自在，從來沒有問過悟道的道理。景岑禪師對此也感到很高興，他有時反而想：這沙彌的無心也許就是一種境界。他就一直留著這個小沙彌在身邊。日子就這樣悠悠地過著，像天上的白雲、洞庭的湖水一樣自由、平靜。

有一天，小沙彌突然問道：「師傅，你總是在講平常心、平常心，到底平常心是什麼呢？」禪師聽了這樣的問題，心裡想原來沙彌並不是「無心」呀。他就開導沙彌，說：「平常心就是，要睡時就睡，要坐時就坐。」

沙彌想了想，還是說：「我不明白。」

「熱的時候，你會做什麼？」禪師問。

「乘涼啊。」沙彌說道。

「冷的時候呢？」禪師問。

「當然是取暖了。」

小沙彌回答著，心中若有所悟。

要睡時睡，要坐時坐，熱時乘涼，冷時取暖，這便是身心安頓。

一個人經歷過大喜大悲、生死榮辱之後，就會抵達一種心靈安頓、至純至淨的無我境界，即「身心安頓」。

一個身心安頓的人，可以進入一種自在超然的狀態，不再受到物欲世界的誘惑和煩擾。無論面對幸福、快樂、苦難抑或悲傷時，都可以「既來之則安之」，活出一個真實的自己。

在多數情況下，人心猶如一池湖水。表面上看來波瀾不驚，表層之下卻暗流湧動，不同的水流時刻在進行著不懈的交鋒。交鋒的內容不外乎內心的欲望與現實之間的矛盾。瑣事雜事又經常像一顆顆小石子投進我們的心湖，不經意中就蕩起層層漣漪。此時此刻，我們調適我們的心，撫平內心暗流的湧動，抹去不平的心紋，讓內心與外界達到一種平衡，這樣，生命就會處於一種健康的狀態。

身心安頓是種境界，每個人都可以做到，具體怎麼做？

下面為你簡單提供幾個方法：

（一）修身

一個人，之所以要修身，是為了要健全自己。自己健全了，對於家庭、社會、朋友、事業，都有幫助。修身，才能知道如何與人往來。修身要做到以下幾點：

第一要儉：節儉並不是吝嗇、做事一毛不拔，而是衣不求美，食不求精，飽暖則足。一個人一旦養成了奢華無度的惡習，再富有的家庭也會敗落；反之，如果能謹身節用，一粥一飯不奢靡浪費，自然會因此而有所積蓄，甚至轉貧為富，所以居家要儉。

第二要勤：在這個適者生存的社會，一個人要想建功立業，不是依靠家人的聲望，也不是取決於出身的高低，而是取決於個人的能力與努力。古語道：「勤能補拙是良訓。」

唯有勤才能改變你的人生。

第三要謙：為人處世講究一個謙字。一個人的學識再好，假如為人自高自傲，不懂謙虛，不知道虛懷若谷，便難以在人生道路上有所成就。

第四要和：「和」歷來是傳統文化裡很濃厚的一筆。為人心平氣和，就不會遇事亂了方寸，才能免於心浮氣躁。

（二）養性

要做一個身心安頓的人，離不開養性。到底如何養性？有以下幾點建議可供參考：

第一養靜：養靜就是將自己安住在一個安然寂靜的心境上，久而久之你的性格自然就不會浮躁不安了。正所謂「以靜制動」，透過靜定的工夫，你可以改善浮躁、不安穩的性格。

第二養誠：「樹有皮，人有臉。」我們每個人都要有自尊，但是絕不可以傲慢。養誠就是對人要親切、真誠。能夠對人「相見以誠以真，相待以禮以敬」，自然不會目中無人，狂傲自大。

第三養廉：貪欲是人的劣根性，當看到自己喜歡的東西時，我們總會產生據為己有之感，這顯然有害於快樂生活。一個人假如貪心太大就會患得患失，貪心太盛就會不顧忌禮義廉恥，就會惹人討厭。人到無求品自高。因此，要養廉。廉潔之人不妄取、不多求，懂得知足，知足常樂。

第四養智：任何一個人都有感到迷惘的時候，這就要求我們需要隨時養智，累積智慧，充實自己的心靈，如此才能不愚痴，不迷惘，才能創造出生命的價值。

第五養勇：懦弱之人難成大事，一個成大業者必定是一個大智大勇之人。因此，我們每一個人都應該培養堅強、勇敢、不屈不撓的性格。

第六養仁：仁義才能行天下。要培養仁慈之心，平常就應該對人和善、寬厚，只有具有仁者之心，才能受人尊敬，景仰，愛戴。

一個人唯有修身養性才能達到身心安頓。

第二節　釋放你的負面情緒

人不僅要有感情，還要有理智。如果失去理智，感情也就成了脫韁的野馬。在陷入消極情緒而難以自拔時，應有意識地用理智去控制，去釋放你的負面情緒。

自卑是阻礙理想實現的巨大障礙

一天，一個高傲的武士前來拜訪禪宗大師。他本是一個出色且頗具威名的武士，但當他看到大師俊朗的外型，優雅的舉止，猛然自卑起來。

他對大師說道：「為什麼我會感到自卑？僅僅在一分鐘前，我還是好好的。但我剛跨進你的院子，便突然自卑起來。以前，我從沒有過這種感覺。我曾經無數次面對死亡，但從沒有感到恐懼，為什麼現在感到有些驚恐了呢？」

大師對他說道：「你耐心地等一下，等這裡所有的人離開後，我會告訴你答案。」

一整天，前來拜訪大師的人都絡繹不絕，武士等得如坐針氈。直到晚上，房間裡才空寂下來。武士急切地說道：「現在，你可以回答我了吧？」

大師說：「到外面來吧。」

這是一個滿月的夜晚，剛剛升出地平線之上的月亮發出皎潔的光輝，大師說道：「看看這些樹，這棵樹聳入雲端，而它旁邊的這棵，還不及它的一半高，它們在我的窗戶外面已經存在好多年了，從沒有發生過什麼問題。這棵小樹也從沒有對大樹說：『為什麼在你面前我總感到自卑？』一個這麼高，一個這麼矮，為什麼我卻從未聽到抱怨呢？」

武士說道：「因為它們不會比較。」大師回答道：「那麼你就不需要問我了。你已經知道答案了。」

在心理學上，自卑屬於性格上的一個缺點。自卑，即一個人對自己的能力等等個人特質作出偏低的評價，總覺得自己不如人，悲觀失望，喪失信心等，正如故事裡高傲的武士，他之所以自卑，是拿禪宗大師當作參照物，對自己評價過低。

在社交活動中，具有自卑心理的人總是有意無意地孤立自己，讓自己離群索居，當受到周圍人們的輕視、嘲笑或侮辱時，這種自卑心理會大大加強，甚至以嫉妒、自欺欺人的方式表現出來。自卑是一種消極的心理狀態，是實現理想或某種願望的巨大心理障礙。

那麼，到底應該如何做，才能告別自卑？

（一）深思自卑為你帶來的痛苦，培植正面情緒

想想看，一個不夠自信的人，有些什麼痛苦？自卑能不能夠令你快樂？自卑能不能夠讓你有顆平靜的內心？想想看你的痛苦，然後告訴自己，你不會再繼續助長自卑這種負面情緒，你會培植更多的正面情緒，例如：慈悲、自信、誠實等。

（二）如果你要克服自卑，你就要認為你具有這樣的能力

你要誠實面對自己與他人，知道自己能做與不能做，誠實評估自己的實力，這樣你就不會缺乏自信。你要對自己誠實，因為誠實是缺乏自信的解方。一個人對自己的實力越清楚，越不會缺乏自信，也越喜歡現在的自己。反而是對真實的自己不太了解或者有錯誤期望的人，較容易缺乏自信。

（三）拿自己的優勢比他人的劣勢，而不是拿己之短比他人之長

如果要使自己充滿信心，首先就不要去跟別人比較，告訴自己每一個人都有優異的一面，也有差勁的一面，所以沒有什麼好比較的。例如：你認為那個人比你帥，你很自卑，這是因為你拿那個人最優異的一面來和自己做比較，當然會自卑。告訴自己，他雖然長得帥，可是他在公司的職位比自己低，所以沒有什麼好自卑的。每一次看到別人優異的一面，千萬不要想到自己差勁的一面，要立即想起自己比那個人優異的一面，就會充滿自信，不會自卑了。

你要時時刻刻相信自己的能力，相信自己的判斷和眼光。遇到任何問題的時候，不要被別人影響，自己解決，你就能夠做到充滿自信了。

當你對自己充滿了自信，自然就不會自卑了。

境由心造，一切煩惱皆由心生

佛教第二代傳人慧可曾向達摩祖師訴說他內心的不安，希望達摩祖師能幫他把心靜下

來。達摩祖師讓他把心拿來，才肯替他安心。慧可想了半天也沒能把心拿出來。

心在哪裡呢？心都不可得，哪裡還有可得的煩惱呢？

生活中，每個人都有煩惱。煩惱是怎麼來的呢？人的六根：眼、耳、鼻、舌、身、意，對外境人、事、物，即外六塵：色、聲、香、味、觸、法。人的眼睛所看到的任何事物都是色。六根對六塵產生作用，心裡產生反應：喜、怒、哀、苦、嫉妒、嗔恨等。反應的根本原因是分別心：別人能力好就嫉妒，別人能力差了就輕視，等等。

人的心理反應必然表現為生理反應：血壓升高、心理壓抑、心緒不寧，出氣不暢快，然後在臉上就是一臉苦相。

那麼，我們該如何消除煩惱呢？

（一）要看管自己的心，觀察自己的心

任何事來了，一定要向好的方向想。對不好之事，不去辯說，不去計較，把心放下，自自然然，看到別人好，不眼紅，坦坦然，別人的好是自然而然的事，不比較。用心去做自己的事，不走捷徑，不取巧。以平靜心，平常心，認真走自己的路，路會越來越寬。

（二）要能夠自我反省

能夠自我反省，就會減少煩惱，從反省中不斷淨化，不斷蛻變。要做到「察己」和「慎獨」。如曾子所說：「吾日三省吾身。」劉備透過自我反省，認識到自己才智不如曹操，知道要創立一番基業，一定要有能人異士相助，於是禮請徐庶、諸葛亮等謀士，最終建立蜀國政權。由此可見，能夠自發反省，便能排除煩惱，透過反省也能自我改造，最終成就事業。

(三) 要能夠時刻提升自我素養

一個能經歷磨難的人，煩惱是動搖不了他的。面對各種不利處境，他會想方設法，尋找各種機會來擺脫困境，而不會為煩惱所困。明朝開國皇帝朱元璋，在帶兵打仗的時候，經歷了多少艱難險阻，但困境並沒有讓他心浮氣躁，盲目衝動，他也沒有怨天尤人，唉聲嘆氣，而是不忘熟讀兵書，招攬儒士，在提高自身素養的同時，聚斂力量，最終成就霸業。俗話說：「活到老，學到老。」透過學習，可以破除煩惱，走出自己的人生道路來。

(四) 要培育戒、定、慧

戒、定、慧合稱為三學，即三項訓練。其中，戒是指道德、品行；定是指心的平靜；慧，是智慧。去除煩惱我們需要培育的就是這三學：

一、修戒——完善道德品行；二、修定——致力於內心平靜；三、修慧——培育智慧。戒、定、慧三學是次第的關係，即循序漸進的關係。先要完善自己的品德，有了品德，就應嘗試讓自己的心平靜；內心平靜了，應進一步提升智慧。當你內心擁有了戒、定、慧這三學，煩惱也將離你遠去。

聰明的人要把自己管理好，內自省而發智慧，健全自己，就不會有煩惱了。

抱怨因心而生，抱怨也因心而解

有一天，一隻威猛強壯的老虎來到了天神面前：「我很感謝祢賜給我如此雄壯威武的體格，如此強大無比的力氣，讓我有足夠的能力統治這整座森林。」

天神聽了，微笑地問：「但是這不是你今天來找我的目的吧！看起來你似乎為了某事而困擾呢！」

老虎輕輕吼了一聲，說：「可不是嘛！天神真是了解我啊！我今天來的確是有事相求。因為儘管我的能力很強，但是每天雞鳴的時候，我總是會被雞鳴聲給嚇醒。神啊！祈求祢，再賜給我一個力量，讓我不再被雞鳴聲嚇醒吧！」

天神笑道：「你去找大象吧，牠會給你一個滿意的答覆的。」

老虎興致高昂地跑到湖邊找大象，還沒見到大象，就聽到大象跺腳所發出的「砰砰」聲響。

老虎加速跑向大象，卻看到大象正氣呼呼地直跺腳。

老虎問大象：「你為什麼發這麼大的脾氣？」

大象拚命搖晃著大耳朵，吼著：「有隻討厭的小蚊子，總想鑽進我的耳朵裡，害得我快癢死了。」

老虎離開了大象，心裡暗自想著：「原來體型這麼大的大象，還會怕那麼小的蚊子，那我還有什麼好抱怨的呢？畢竟雞鳴也不過一天一次，而蚊子卻是無時無刻地騷擾著大象。這樣想來，我可比牠幸運多了。」

有些人常常抱怨命運不公，但卻不反思自己為理想都做了什麼。其實，只要調整心態，付諸行動，你一樣也能活得很好。

海倫凱勒說：「愛和愉悅使人生明朗開闊，而抱怨則只會使人心靈陰暗。」

人，自從出生的那一天起，就成為了生活遊戲的選手之一，生活遊戲的「玩」好和「玩」壞，全憑個人。如果你積極主動地參與其中，你會體驗到生活的無窮精彩，會對自己的生活懷有極大的快樂和感恩之心，對於你來說，每天早晨都是一個新的開始，都是一個新的召喚，每一次的失敗都是成功的一個新起點。

現實生活中，很多人都存在抱怨的心態，抱怨像一個沉重的包袱，這不只會讓你的情緒變得更加憤恨，還會傷害他人，會毀了你的愛情、友情，還有你的人緣。

那麼，我們應該如何停止抱怨，快樂生活呢？

（一）給自己心理暗示

克服抱怨很好的一個方法就是給自己心理暗示，「我意識到這些消極的想法正在侵入我的大腦，但是那些想法並不是我的真實想法。當我意識到這些想法在我大腦裡面盤旋時，我能很快地用積極的想法將它們驅逐」。你有能力去決定你的大腦想些什麼和以何種思維方式想。你得知道，這些消極的想法都只是一些意識流動，有些其實就是別人說過的消極的話語在你腦海裡面迴盪而已，並不是你自身的真實想法，所以不必要過於自責，但是記住，要及時阻止這些想法在你的大腦裡蔓延。

（二）克服消極思維

如果你總是想消極的東西，你的大腦會對消極的想法上癮，你會不自覺地習慣性地開始去想消極的問題，換句話說，消極地想事情對你已經成為一種享受，你不這樣想反而會覺得渾身不舒服，你的大腦成了消極情緒停泊的港口。

對消極情緒，你實際上可以試著容忍消極，然後慢慢超越它們。容忍這些情緒在自己腦海中晃來晃去，但是不能覺得那些想法就是自己的真實想法。對這些消極想法而言，你只是一個旁觀者，試著與這些消極情緒進行交流。有人說大腦像一隻亢奮的猴子，你越是注意它、留意它，它越是變得猖狂。所以，不要理會它，只是靜靜地看著它，它自己會慢慢安靜下來。同時意識到，生活中總是存在這樣的事情，這就是人生。你的生活其實就是一個自身逐步強大的過程，如果你覺得消極想法不好，那麼需要做的就是增強自己的意志力，讓自己專注在自己應該專注的地方，讓自己保持積極。

(三) 培養堅韌的性格

培養堅韌的性格是我們來到這個世界上的任務之一，也許你覺得現在自己還沒準備好。等你足夠強大的時候，你就能將消極的情緒推離。

為了讓自己停止抱怨，你必須接受這樣的觀點，就是自己得為所有事負責，客觀因素不能成為藉口。你必須對宇宙說，我願意接受生活賜給我的這些責任。

總之，現實生活中有太多的不如意，但是，請牢記：不要抱怨，否則，它將成為你人生路上的沉重負擔，不但毫無價值，還會拖累你前進。

猜疑是心靈天空上的陰霾

從前，有一個生性愚笨、膽子又小的人，名叫涓蜀梁。有一回，他在一個看得見月亮的夜晚出門趕路。白朦朦的月光照在他身上，在他身邊的地上投下了一個黑漆漆的影子。他走一步，那影子也跟著前進一步。他低下頭一看，看見身邊有個黑色的人形，以為是小鬼緊緊地跟著自己，便害怕起來了。因為害怕，所以不敢看地，一抬頭看見自己頭上的頭髮，飄呀飄地，他又想當然爾地認定那一定是女鬼的頭髮。慌亂之下，他拔腿就往回跑。他緊緊張張地跑到家裡，因為跑得太快，喘不過氣來，最後缺氧而死。

人若多疑，則心中自然生出鬼怪來。

法國作家拉羅希福可說：「猜疑的黑雲蒙蔽了我們的心靈之窗，使我們的靈魂黯淡齷齪，最終會毀掉我們本應擁有的一切人間美好的友誼。」

劉伯溫說：「善疑人者，人亦疑之；好防人者，人亦防之。」經常猜疑別人的人往往會為別人惹出一些不著邊際的麻煩，人們對猜疑者常常是避之唯恐不及，沒有人願意和猜疑者結交，猜疑者也常感到身邊無人的孤獨，無人援手的孤寂，生活中處處有難，自身的能力無法施展，難成大器。他們的行事風格往往是行動遲緩、遇事拖泥帶水、猶豫不決。前思量，後思量，左右搖擺，總讓人捉摸不透。好猜疑者常常優柔寡斷，從不給人安全感，往往不會得到別人的信任，只能慘澹地經營人生。

俗話說：「天下本無事，庸人自擾之。」猜疑者的心理通常很悲觀，遇到事物總往壞的方面想，對別人妄加揣測，捕風捉影，甚至是草木皆兵。

猜疑之心使人迷惑，做事情亂了分寸，分不清敵友，混淆了是與非的標準，使人際關係和事業遭受損害。當猜疑的念頭襲上我們心頭的時候，我們要毫不猶豫地趕走它，以免被它所累。

具體怎麼做才能消除猜疑心理：

（一）克制衝動情緒的發生

當發現自己開始懷疑別人時，應當立即尋找產生懷疑的原因，在沒有形成不可動搖的想法之前，引進正反兩個方面的資訊。現實生活中許多猜疑，說穿了是很可笑的，但在想明白之前，由於猜疑者的頭腦被封閉性思路所主宰，就會覺得他的猜疑順理成章。此時，冷靜思考顯然是十分必要的。

（二）培養自信心

千人千面，每個人都有自己的優點，我們應該看到自己的優點，培養起自信心，相信自己會與周圍處理好人際關係，會對別人留下良好的印象。這樣，當我們充滿信心地進行工作和生活時，就不用擔心自己的行為，也不會隨便懷疑別人是否會挑剔、為難自己了。

(三) 學會自我安慰

人生在世，難免會遭到別人的非議、詆毀，這沒什麼大驚小怪的。對於一些無關緊要的事情，我們完全可以睜隻眼閉隻眼，這樣一來就可以避免心生煩惱。如果覺得別人懷疑自己，應當安慰自己不必為別人的閒言碎語所煩惱，不要在意別人的議論，這樣不僅解脫了自己，而且還取得了一次小小的精神勝利，產生的懷疑自然就煙消雲散了。

(四) 及時溝通，解除疑惑

人與人之間交往，產生誤會是難免的。世界上不被誤會的人是沒有的，關鍵是我們要有消除誤會的能力與辦法，如果誤會無法盡快解除，就會發展成猜疑；猜疑不能及時解除，就可能導致不幸。所以如果可能的話，最好找到你「懷疑」的對象開誠布公地談一談，以便弄清真相，解除誤會。猜疑者生疑之後，冷靜地思索是很重要的，但冷靜思索後如果疑惑依然存在，那就該透過適當方式，與對方進行推心置腹的交流。若是誤會，可以及時消除；若是看法不同，談心之後，了解對方的想法，也很有好處；若真的證實了猜疑並非無端，那麼，心平氣和地討論，也有可能使事情在衝突之前解決。

猜疑像一條無形的繩索，會捆綁我們的思路，使我們眾叛親離；猜疑是心靈天空上的陰霾，會遮蔽我們的視野，讓我們難見光明，為人的身心健康帶來危害，因此極需改變。

掌控情緒，掌控自我

寒山問拾得：「世間有人謗我、欺我、辱我、笑我、輕我、賤我、騙我，如何處置？」

拾得曰：「忍他、讓他、避他、由他、耐他、敬他、不要理他，再過幾年你且看他。」

人類居於物種進化的頂峰，與其他的智慧生物有所區分的重要特徵之一就是其對自我的強大控制能力。

我們之中的很多人，在身心上既從未遇到過任何重大打擊，也從未體驗過任何極度快樂。曾有人說過，苟且活著跟埋在地裡只不過數尺之差。一個世紀之前，愛默生說過這樣的話：「多數人都是寂靜地活在消沉之中。」當人類跨入廿一世紀的時候，很不幸，今天他這句話比當時更適用於我們。很多人對自己的人生感到無奈，想得到的得不到，想避開的卻躲不掉，人生過得極為無趣無味。實則，當前人們最大的危機，就是情緒上的「低迷」，如何讓大家的心再活躍起來，實在是我們應該共同努力的方向。

情緒很難掌控，它像天上的風箏，忽東忽西，沒有一個固定模式，我們經常受其干擾。在我們周圍百分之八十的人總是被情緒左右著，甚至無法控制自己的情緒！

如何掌控自己的情緒，這是個複雜的問題，但至少我們可以從以下幾方面著手。

（一）觀照自己

觀照自己就是管理自己，保持觀照最重要也最關鍵。大部分人的困惑和痛苦都是看不清自己，摸不透別人，所以迷亂不安。若情緒超越了自己能控制的範圍，最好的方法不是釋放或是壓抑，而是無為而為，學習先定心。心亂須先定心，看管情緒，不認同，不判斷，讓它出現，把感覺放在心的位置。

（二）穩定情緒必須從心開始

心是情緒的控制中心，要穩定情緒則必須從心開始，學習定心的方法。至於方法，每個人得靠自己尋找。方法有很多很多，關鍵不在途徑，而在你的用心和意願。相信自己有能力豁出去，則海闊天空。修心之路人人不同，不用比較，自己上路就是了。

（三）做回情緒的主人，拒絕受控

情緒並不等同於事件。是情緒動了，並不是事件本身動了。

我們可以透過自制這個方法平靜情緒，保持清醒和自主，這才是成熟的心靈管理。自制並不等同壓抑，因為前者是省悟後的行動，後者是迷失的反應。所謂懂得自制，就是學習一套適合自己的情緒處理方法，一旦看到被情緒襲擊時，馬上自我保護，提醒自己它只不過是借軟弱打倒理性的思維慣性而已，找適當的方法打散負面情緒的集中點，如運動、靜心、瑜伽、看電影、做義工、創作、找知己傾訴等等，把正面能量全都掏出來。

幫助自己是需要決心和毅力的，並且必須是獨自一人走的路，也是成長的責任。自我療癒永遠是最實用最實在的自保方法，誰都不能依賴。

第三節　遇見未知的自己

每個人只有充分認識自己才能真正的自由。自我審視、自我洗滌、自我完善、自我淨化、自我昇華、自我頓悟……我們是自己的救世主。

做命運的主人，主宰自己的心靈

一個衙役，奉命押送一個犯了罪的和尚，臨行前，他怕自己忘帶東西，就編了個順口溜：「包袱雨傘枷，文書和尚我。」在路上，他一邊走，一邊碎念這兩句話，總是怕在哪裡不小心把東西丟一件，回去交不了差。和尚看他有些發呆，就在停下來吃飯時，用酒把他灌醉了，然後給他剃了個光頭，又把自己脖子上的枷鎖拿過來套在他的身上，自己溜之大吉了。差役酒醒後，總感到少了點什麼，但包袱、雨傘、文書都在，摸摸自己脖子，枷鎖也在，又摸摸自己的頭，是個光頭，所以和尚也沒丟，但是他還是覺得少了些什麼，念著順口溜一一比對，他大驚失色：「我呢，怎麼沒有我了？」

衙役的可悲，在於他丟失了自我。一個無法主宰自我命運的人是不幸的。亨利說：「我是命運的主人，我主宰我的心靈。」

做人就應該做自己的主人，應該主宰自己的命運，主宰自己的心靈，不能把自己交付給別人。

做自己的主人，就不能成為金錢的奴隸，不能成為權力的俘虜，必須不失自我，在各種誘惑面前保持自己的本色，否則便會丟失自己。太過熱衷於追求外物者，最終可能會如願以償，但卻會像衙役一樣，把最重要的一樣丟失了，那就是自己。

我們有權力決定自己該做什麼，絕不能由別人來代做決定，更不能讓別人來左右我們的意志，讓自己成為只知道執行命令的傀儡。

當然，做命運的主人，主宰自己的心靈並不是說要我行我素，更不是任意妄為，一意孤行，妄自尊大。自我主宰也要堅守一些原則：

（一）做命運的主人，並不是偏執於個人之見

有人對於一己之見，堅持執著，自以為是，凡事不肯跟人商議，偏執地認為只要一和他人商議，就會失去自主權。其實做自己命運的主人也要和人合作，也要和人商議。在這個群居社會，單打獨鬥注定只能失敗。

一個人凡事過於執著，聽不進他人意見，那麼就無法從善如流，所以做人不能太執著。

（二）做命運的主人，不能自傲自負

自我做主，並不是要求你孤芳自賞、自傲自負。自傲自負的人如同挑著重擔前行的人，人生之路注定將要歷經艱辛。

（三）做命運的主人，不能任性而為

任性是一種自大、傲慢的心態。任性做事只會成事不足，敗事有餘。所以任性不可取。

（四）做命運的主人，不能剛愎自用

剛愎的人恣意妄為，完全不尊重民意，不重視他人，如此即便擁有江山，也不能長久。秦始皇統一六朝，但剛愎自用，因此傳不到二代就亡國了；五胡十六國，賢明的君王固然有之，但殘虐無道者居多，所以五胡十六國的國祚都不久，此即剛愎之結果。

做命運的主人，不是眼中只有自己，沒有他人，而是要求我們自己凡事有主見，做事有原則，為人有立場，這才是真正主宰了自己的心靈。

認識自己才能真正的自在

古剎裡新來了一個小和尚，他問方丈：「我新來乍到，應該先做些什麼呢？」方丈微微一笑，對小和尚說：「你先認識、熟悉一下寺裡的眾僧吧。」

第二天，小和尚來見方丈說：「師傅，眾師兄我都已拜過，接著我該做些什麼？」方丈微微一笑，平和地說：「不對，你肯定還有遺漏，繼續去了解認識吧。」

第三天，小和尚再次來見老方丈，滿有把握地說：「師傅，弟子這次確實是把寺裡師兄都認識了。」方丈微微一笑，說：「還有一人，你一定沒認識，而且，這個人對你特別重要。去吧，去找到他後再來見我。」

小和尚滿腹疑惑。他一個一個詢問，在每間房間仔細地尋找。陽光裡、月光下，他一遍遍地琢磨盼望解開謎團……

忽然有一天，小和尚在水井裡看到自己的身影，心頭豁然開朗。每個人只有充分認識自己才能真正的自由。自我審視、自我洗滌、自我完善、自我淨化、自我昇華、自我頓悟……我們是自己的救世主。其實，尋找失落的「自我」的最好辦法，便是認識自我、充實自我，感悟自我。

世上凡事都講究「認識」，認識的人多、事多、物多，認識的因緣關係越多，對自己越有利。認識自身比認識身外之物更為重要。

認識自己，早已經被當成口號在很多人口中流傳，但到底要認識自己什麼，卻鮮少有人能說出道理來。在此，我為大家列舉以下幾點，希望每一位閱讀本書的朋友能夠認真對待。

（一）認識自己的過去

過去的成功和失敗，雖然已經成為歷史，但正是過去造就了現在的你。現在的生活、現在的處境，都是過去的歲月磨練出來的。所以有人感嘆說：「今天的你，是由五年前的選擇決定的。」對於過去的成績，不應該盲目沾沾自喜，因為成功的原因也許很多，父母的養育，恩師的教誨，朋友的幫助，同學的鼓勵，都是取得成績的重要條件；對於過去的失敗，當然也不應該妄自菲薄，處境的艱難，不確定因素的存在，時代的變化，社會大環境的影響，都可能成為阻礙你走向成功的障礙。不論一個人多麼成功，總有失意的時候；不論一個人多麼失敗，也總有享受成功的瞬間。重要的，也許不是你收穫的成功多還是失敗多，重要的，也許是我們從成敗中間最終收穫了什麼，如果能夠收穫對自己的正確評價，可以被認為是最大之收穫了。

（二）認識自己的現在

認識自己的現在，自己的興趣，自己的愛好，自己的能力，自己的人生選擇和目標。就是你有什麼，你希望做什麼，你能夠做什麼這一類簡單的邏輯。怎麼樣判斷「武斷」和「果斷」，怎麼樣區分「衝動」和「勇敢」，怎麼樣權衡「默默無聞」和「隨波逐流」，又怎麼樣評價「創新」和「冒險」、「自信」和「自負」、「頑固」和「執著」，其實這些看起來差別很大的詞彙，可能在生活中只是一線之隔。所以，有人說：「人生如棋局。」我們沒有必要因為過去的失利而過多的自我煩惱，過去的，已經成為過去，重要的是把握好現在，去迎接未來。

（三）認識自己的環境

人打從出生，就注定要不一樣。有人生在富貴之家，生活優越；而有人出生在窮鄉僻壤，生活條件非常差。先天的環境不同，所得到的因緣條件不同，自然影響發展。

先天條件不好之人，有向環境低頭者，也有向環境挑戰者，例如匡衡「鑿壁偷光」，孫敬「懸梁讀書」，蘇秦「發憤刺股」，王冕「放牛畫荷」，乃至韓國圓測大師偷聽玄奘大師講經等，他們都是認知道自己雖然沒有好的環境，但自己的力量可以改變環境，因此不向環境屈服。

（四）認識自己的能力

不是所有人都能成為孔子，也不是所有人都能成為佛陀，儘管佛說每個人都有佛性，但是「理上佛性平等，事上因果差別」，本性雖然相同，各人的能力有別。有的人長於智慧，有的人長於慈悲，有的人長於道德，有的人長於意志力。能認識自己的能力，就自己的專長善加運用、發揮，必有傑出的成就。

（五）認識自己的家世

一個人如果有好的家世做後盾，那麼這對他的發展是大有助益的。但家世也不是決定人之一生的唯一因素，例如朱元璋曾經窮得衣不遮體，食不果腹，透過自己的奮鬥，最後開創了大明皇朝。家世不好，只要自己有條件，也可以改變一切。因此不要常常怨嘆父母、親人，更不要妄自菲薄，自己的未來如何，還是要靠自己努力。

（六）認識自己的志趣

認識自己最重要的，還是要明白自己擁有多少，能發揮多少，尤其要就著自己的志趣加以發揮。例如喜歡寫作，或是經商，或者做公務員等，任何一種職業，只要自己有志趣，就能心甘情願，做得心安理得，而且持之以恆。在自己喜愛的工作中能夠找到自己，找到未來。

因此，做人，認識世界是必要的，認識自己，更為重要。

人只有不斷地更新自己，才能進步

名畫家貝羅尼到瑞士度假，每天仍然背著畫架到各地去寫生。有一天，他在日內瓦湖邊畫畫，來了三位英國女遊客，看了他的畫，便在一旁指手畫腳地批評起來，一個說這裡不好，一個說那裡不對，貝羅尼都一一按照女遊客的批評修改過來，最後還跟她們說了聲「謝謝」。

第二天，貝羅尼又到湖邊去，看到昨天那三位婦女，正交頭接耳不知在說什麼。她們看到他，便過來問他：「先生，我們聽說大畫家貝羅尼正在這兒度假，所以特地來拜訪。請問你知不知道他在什麼地方？」貝羅尼朝她們微微彎腰，回答說：「不敢當，我就是貝羅尼。」三位婦女大吃一驚，想起昨天的不禮貌，一個個紅著臉跑掉了。

《易經》有言：「日新之謂盛德。」《尚書》上也說：「苟日新，日日新，又日新。」這些名言無不告訴我們一個道理：一個每天都能夠進步的人，是不會被打敗的。失敗者之所以失敗，只是由於夢想一口吃成一個胖子，結果卻忘記了踏踏實實地往前走。成功者之所以成功，不是由於比別人聰明多少，而只是因為他們每天都在堅持不懈地改進自己。

一個人只有不斷改進自我，才能取得更高的成就。

那麼，如何改進自我呢？

（一）主動內省

曾子說：「吾日三省吾身。」人要內省，才能改進，才能進步。內省是一種美德，只有經常反省的人才能進步，才能在上帝關上門後，發現他留出的另一扇窗。猶太人習慣於在週六長時間內省，因此他們即便在二戰中遭受毀滅性打擊，戰後仍找到上帝留下的窗口，很快崛起，成為世界上最成功的商人。而那些不會內省的人，常常對著那扇通向成功的窗戶視而不見，甚至自己親手把它關閉。人能內省，必有長進。

（二）主動認錯

人非聖賢，孰能無過。即便是聖人，也有犯錯的時候。但是，犯了錯要能知錯，而且要「知錯必改」。人的經驗閱歷，都是從失敗、錯誤裡，一次一次累積的，所以一個人犯錯沒有什麼了不起，知錯能改才是重要的。

但是犯錯而不認錯，那就是罪過了。是否主動認錯，是一種素養，從錯誤中學習，是成功的捷徑。長期總結錯誤，養成利用好錯誤的習慣，那進步一定會非常迅速。

（三）積極行善

對先前犯下的過錯要改正，要杜絕將來可能會出現的惡行；對尚未去做的善事要積極去做，正在做的善事要繼續、要加強。日行一善適用於我們每一個人。

善不在乎大小，說一句好話是行善，做一件好事是行善，起一個好心同樣是行善。一個社會要想有好的風氣，就要靠我們不斷行善。

凡是有志於自我提升，追求進步的人，應該要自我反省、認錯，此外還要積極行善。

反觀自己，完善自我

凱斯特再次失業了，到處應聘都沒有回應，心裡十分苦悶。一天晚上，他在自己簡陋的住所沉思。他原本有四個鄰居，現在其中兩個已經搬到高級住宅區去了，另外兩位則成了他原來所在公司的老闆。他捫心自問：和這四個人相比，除了現在的工作單位、住宿條件比他們差以外，自己還有什麼地方不如他們？聰明才智？憑良心說，他們實在不比自己高明多少。

經過很長時間的思考和反思，他突然悟出了問題的癥結點——自我性格的缺陷。在這方面，他不得不承認自己比他們差一大截。

雖然是深夜三點鐘，但他的頭腦卻出奇地清醒。站在鏡子前，他覺得自己第一次看清了自己，發現了自己過去的種種缺點：愛衝動、妄自菲薄、不思進取、得過且過，不能平等地與人交往等等。

整個晚上，他都一絲不動地坐在那裡自我檢討。然後他下定決心，從今天起，一定要痛改前非，做個自信、樂觀的人。

第二天早上，他滿懷自信前去面試，結果順利地被錄用了。在他看來，之所以能得到那份工作，與前一晚的沉思和醒悟讓自己多了份自信不無關係。

在走馬上任後的兩年內，凱斯特憑著自己的努力，逐漸建立起了良好的口碑。有一段日子，公司經濟狀況很不好，很多員工情緒都很不穩定。而這時，凱斯特意志堅定，已經是中流砥柱了。他力挽狂瀾，讓公司度過了難關。有鑑於他在危難時期做出的貢獻，公司分給了凱斯特可觀的股份，並且給了他豐厚的薪水。

一個人，往往能看得見環境上的微塵、沙粒，乃至小小的羽毛、毫髮等，卻看不到自己的睫毛。這是為什麼呢？因為他們的眼睛總是盯著別人的過失，卻從來看不到自己的缺點。平日裡，視野範圍之內，都是別人怎麼不對，如何不好，卻從來沒有好好地反觀過自己。因此，人能看得見別人，卻很難認識自己，這是人的膚淺。

從凱斯特身上，我們可以看到反觀自己的重要性。透過反觀自己，發現自己的不足，彌補自己的缺陷，只有這樣才能在事業上不斷前進，實現自己的夢想。

只有透過反觀，想明白如何改進以後，我們自身才會充滿力量，可以不依賴外界的力量塑造自己，激發出我們潛在的天賦，成就光輝的未來；才會在最惡劣的情況下，堅信一定會有出路，一定會有機會使我們從失敗轉向成功。

反觀自己，完善自己，就能提升自我。

反觀自己到底有什麼好處呢？

（一）透過反觀，可以堅持正確地見解

反觀自心，不在外在變化無常的事物中尋求生命的重心，才能防止自己跟著外在表象疲於奔命，越跑越遠，越跑越迷失；才能不斷地突破心靈障礙。這樣，為人處世會更加從容，更加沉穩。

（二）透過反觀，可以化解人生的痛苦

假如我們能夠透過不斷反觀自己，並努力地尋找種種解決問題的方法，從中悟到失敗的教訓和不完美的根源，並能全力以赴去改變，這樣我們就可以脫胎換骨，成為能夠巧妙運用能力與思辯，化解人生的痛苦，直至獲得成功的智者。

（三）透過反觀，做事更精進勤勉

物欲引發的驅動力是暫時的，隨時可以消失，缺少堅韌的持續性；而精神需求所激發的心力是堅忍不拔的，而且這種精進和勤勉，是一種高度理智指引下的，不會因為過度認真求實而執著於人和事的實相，而陷入局限、困惑和無明。因此，只要我們稍微理解一些佛陀所倡導的精進和勤勉，那麼我們的學習和工作動力會更加提高，事業會更加精進。

（四）透過反觀，提升人生的品質

一個人在解決溫飽之後，評價他的生活品質的根本原則，應當是他在精神或心靈上是否自在，是否充實，是否幸福，人格是否完滿。自在、充實、幸福和人格完滿，在根本上歸結為一個人內心的心靈感受和精神狀態，而與人的財富、名望、地位無關。這就是為什麼一個巨富可能因為各種外在牽掛而經常愁容滿面，難以入睡，而溫飽之人卻可能經常臉上掛著洋溢的笑容，能夠安然入睡的原因。

找準自己的角色定位

成功學之父卡內基在剛開始寫作的時候，試圖將很多其他作者的觀念，都「借」過來放在自己將要寫作的書裡——以使那一本書能包羅萬象。於是他去買了十幾本有關公開演說的書，花了一年時間將這些書中的概念寫進自己的書裡，可是最後他發現自己做了一件傻事。這種把別人的觀念整個湊在一起而寫成的東西非常造作，非常沉悶，沒有一個人能夠看得下去。所以他把一年的心血都丟進了碎紙機裡，一切重新開始。這一次他對自己說：「你一定得維持你自己的本色，不論你的錯誤有多少，能力多麼地有限，你都不可能變成別人。」於是他不再試著成為其他人的綜合體，而是做了他最先該做的那件事：他寫了一本關於公開演說的教科書，完全基於他自己的經驗、觀察，以一個演說家和一個演說教師的身份來寫的書。

卡內基取得了成功，是因為他終於明確找到了他自己的社會角色，從他自己的角度來從事社會活動。

莎士比亞有一句名言：「世界是一個大舞臺，每個人都扮演一個重要的角色。」一個人要在社會上取得成功，首先要確定自己在社會上的角色。確定自己的角色就是要找到自己的人生目標，為自己在社會生活中定位。

人要在社會生活中定位，這個問題看似簡單，但卻非常重要。因為人的一生不論從事什麼職業，處於哪個階段，扮演何種角色，無論你是自覺的，還是不自覺的，其實都在隨時選擇著自己的定位。

定位準確，你才能融入你所置身的環境，履行好你的職責，施展你的才華，做一些對周圍、對群眾、對社會有益的事情。反之，輕者你可能難以融入所置身的環境，做事欲速不達，重者可能還會招來非議，處處碰釘子，甚至，你很有可能被遊戲規則淘汰。正是從這個意義上講，解決好個人的定位問題，對每個人而言都是非常重要的。

在確定個人定位時，要注意避免以下幾點：

（一）定位過高

一個人如果定位過高，就如同一個只能承擔一百公斤重量的人非要承擔一百二十公斤的重量，這樣做的結果只會讓你舉步維艱，寸步難行。在二十世紀，有一位神童在他的國家享有盛譽，因為他高於常人的智商，被家人、社會寄予厚望，他的人生定位在無形之中被標上了一個很高的起點。他本人不堪忍受重負，最後選擇了出家。由此可見定位過高為人帶來的危害。

（二）定位過低

一個定位過低的人，很難激發自己內在的潛力，原本一件事情你完全有能力去處理好，因為害怕自己把事情搞砸，怕背負責任，最後放棄鍾鍊自己的機會。這樣的人生注定不可能獲得大的成就。

（三）角色錯位

角色錯位簡單來說就是錯誤地評估了自己的能力。如一位員工協助上司完美地完成某項工作後，會錯誤地認為自己完全有能力處理好類似的問題，因此，在以後的工作中，遇上這類問題，如果自己解決不了時，就會牢騷滿腹，指揮別人該如何如何做，將自己由一個執行者的角色定位為一個「指揮者」，這就是一種角色錯位！角色錯位會迷失自我，讓自己很難看清真實的自己，因此一定要留意避免。

人的定位不是一成不變的，是動態的、推移的、變化的。需要根據自己所處環境的變化，進行不斷的調整和矯正。

人活在這個世上，都應該知道自己到底是什麼，給自己一個適合的定位，找準自己的生活方向，選擇好自己的人生道路。

做最好的自己

有一個木匠，在自己的職位上兢兢業業了一輩子，深得老闆賞識。在臨近退休前一年，木匠感覺身體健康狀況越來越糟糕，因此，決定向老闆提出辭職。

老闆獲悉這個消息，深感遺憾之餘，答應了木匠的請求，但是他也提出了自己的條件——那就是要求木匠再替自己蓋一棟足夠六口人居住的大房子。

木匠思考之後答應了。

在接下來的日子裡，木匠和其他工匠開始動手，蓋他職業生涯裡的最後一棟房子。

因為想著早日完活早日回家，所以木匠的工作狀態不是很好，甚至是以應付差事的心態忙碌著。

兩個月後，房子終於完工了，這是木匠的收山之作，同時也是木匠親手搭建的房子裡頭品質最差的房子。用豆腐渣工程來形容房子的品質絲毫不為過，因為這時候木匠的心思早不在工作上了，他滿腦子只想著早點回家。

在他向老闆告辭的那天早上，老闆淡然地說：「你跟了我這麼久，也沒什麼可以送你的，就把你剛剛蓋好的房子送給你好了。」

木匠一瞬間目瞪口呆……

在即將結束自己的職業生涯時，木匠用漫不經心的狀態送給了自己一份不合格的禮物。沒能一如既往做最好的自己，因此也深受其害。

做最好的自己，以最好的狀態享受生活，這是大智慧。

那麼，怎樣才能做到以最好的自己生存於世？可以從以下幾方面著手：

（一）與人為善

與人為善就是給人方便，給人歡喜，度己度人。漢代王符在《潛夫論．慎微》中說：「積善多者，雖有一惡，是為過失，未足以亡；積惡多者，雖有一善，是為誤中，未足以存。」人這一輩子，做一件好事容易，難的是做一輩子好事。與人為善，就應當從小事做起，從身邊做起，廣結善緣，莫以小善而不為，莫以惡小而為之。

（二）從善如流

《道德經》曰：「上善若水。水善利萬物而不爭，處眾人之所惡，故幾於道。」意思是說最高的善像水那樣。水善於幫助萬物而不與萬物相爭。它停留在眾人所不喜歡的地方，所以接近於道。做人應該從善如流，聽從好的、正確的意見，就像流水向下那樣迅速、自然。這樣，便能超越自己。

（三）善良明理

一個心地善良的人能贏得好人緣，一個明晰事理的人能獲得好口碑。因此，一個人即便沒有多麼高深的學問，但不能不明事理；即便你一無所有，但不能沒有善良。善良明理本身就展現了自己優秀的一面，我們理應為之驕傲。

（四）慈悲為懷

慈，是一種對他物或是他人的生活態度；悲，是一種內省，是對自我的評價和定位。慈是用心為眾人，是一種奉獻。悲，是心在萬物之下，是讓人覺知人類之渺小。慈悲，意即做人要有奉獻之心。萬物各有其存在之理，故須對萬物心存善念，平視眾生，眾生皆平等。慈悲為懷是做人的最高境界。

（五）品行端正

普通人眼裡，品行是衡量一個人的量尺。品行好的人聲譽高，生存和發展的空間大。反之，就低，就小。任何一個地方，只要某人品行不端或者品行差，輕者抬不起頭來，重者群起而攻之。重視品行，就是要多做利他之事。當一個人一心為己時，就注定被其他人孤立了。而被孤立了的人，是沒有存在的價值和意義的。誠然，品行好的人也有被誤解的時候，但他的為人就像寶石一樣，遲早會綻放出耀眼的光芒。

（六）積極樂觀

樂觀地面對生活中的事，應該說是一種心態，更是一種生活修養的累積，它會引導著一個人不斷走向完美的人生。誠然，有許多事說說容易，但真正做到卻很難。怨天尤人對於改變現狀是絲毫不起作用的，有時複雜的經歷，遭遇太多的磨難和不幸，更會讓人學會堅強面對。

（七）知道進退

漫漫人生路，退一步，等一等，不過是歇歇腳，為走得更遠做準備，低一低頭，更是為了昂揚成擎天柱。一次以退為進的等待能讓你從「山窮水盡疑無路」轉眼便走入「柳暗花明又一村」，航行中的船隻，在預見到大風浪的來臨時，並不是要迎頭衝上去，而是要暫避到無風的港灣處去。在自己實力強大時，迎頭痛擊對手是謀略，而在明知不敵之時，暫避鋒芒更是智慧。知道進退的人，才能利用時機成就自己。只退不進，是懦夫，只進不退，是莽夫。進退得當，才能從容面對成敗，瀟灑成就人生。

（八）懂得取捨

取捨，是一種精神。取，是一種領悟；捨，更是一種智慧。取捨，是為人處世的至高境界。有取有捨，不捨不取，小捨小取，大取大捨；欲求有得，先學施捨。取捨不僅是一種生活的哲學，也是一門生存的藝術，是選擇、承擔、忍耐、智慧、痛苦與喜悅的達觀境界。

你若真正把握了取與捨的要理和尺度，便等於把握了人生的鑰匙和成功的機遇。要知道，百年的人生，也不過就是一取一捨的重複。

人之一生，不要將眼光放到別人身上，過好自己的生活，做最好的自己才最重要。

第二章　樂求事業——苦求結果不如享受過程

人生價值得以展現的載體便是工作。透過工作，我們讓自身的能量得以充分發揮，在造福社會的同時，造福自己。正因為透過工作可以結出生命的碩果，於是，有人一味追求結果，而忽略了享受工作這個過程，甚至於迷失了自我，這是一種本末倒置的愚蠢行為。智者通常是享受工作的過程，而只有愚者才會忽略過程，鍾情於結果。

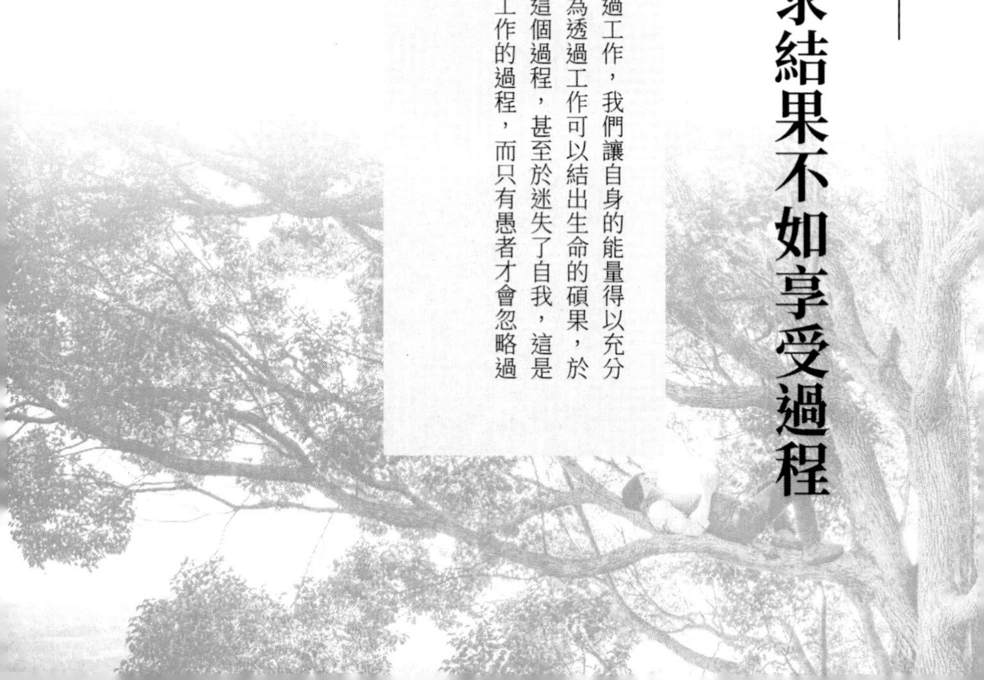

第一節　自發工作並快樂著

一個人的價值，並不以財富和社會地位來展現，而在於你能不能發揮自己的專長，兢兢業業、勤勤懇懇、快快樂樂地工作，過有意義的生活。

工作是一種生活方式，所以要從中感受到快樂

一天，一個老婦人走到一棟滿是塵土的建築前，那裡有三個強壯的年輕人在辛苦地砌牆。

老婦人問他們在做什麼。

其中一個年輕人非常粗魯地回答道：「妳看不到嗎？我在砌磚。這是我每天不得不做的事情。」

一個看起來比較老實的人回答道：「我正在做自己的工作。能用這個手藝養家，我感到很快樂。」

看起來最年輕的年輕人充滿熱情地回答道：「哦，我正在建造世界上宏偉的建築！」

有人將工作當成謀生手段，因此工作成了人生的累贅；有人將工作當作人生的樂趣，因此他能享受工作。洛克斐勒在給兒子的信中寫道：「如果你視工作為一種樂趣，人生就

是天堂；如果你視工作為一種義務，人生就是地獄。」

人生最有意義的就是工作，即便你身處逆境，你也不應該厭倦自己的工作。世界上再也找不到比厭惡自己的工作更糟糕的事情了。假使因為環境因素迫使你不得不做一些令自己深感乏味的工作，你應該想方設法使之充滿樂趣，而不是逆來順受地接受，或是怨聲載道地抱怨。假如你以積極的態度投入工作，那麼，再乏味的工作，你也能從中體會到樂趣。

一個人的價值，並不以財富和社會地位來展現，而在於你能不能發揮自己的專長，兢兢業業、勤勤懇懇、快快樂樂地工作，過有意義的生活。

人之所以抱怨工作，一個主要原因是他並沒有從事自己感興趣的工作，沒有在適合自己發展的職位上施展拳腳，這是一個普遍現象，但有志者總是會透過自己的努力，諸如學習來改變現狀。當你透過學習獲取工作經驗、知識後，你的信心也會相應提升。在工作中找到了樂趣，你會更熱愛你的工作，反過來你又會從工作中找到更大的樂趣。

那麼我們具體應該怎麼做，才能讓我們體會到工作就是人生的樂趣，而絕不只是謀生的手段？

（一）建設和諧的人際關係

一個人要取得人生的成功，單憑自己個人形象的好壞以及個人工作成績的優劣，是完全不夠的。在注重個人內外兼修的同時，還應該善於經營人際關係，注意為人的口碑，確保自己可以在社會交往中能夠遊刃有餘。因為人際關係會影響個人能力的發揮和工作的開展。在現實生活中常常會發現，有的人工作能力雖然較強，但因為處理不好人際關係，工作能力得不到進一步發揮，甚至遭受挫折。而一個善於聽取各種不同意見的人，即使能力平常，卻能贏得人們的好感，使工作順利進行。可見好的人際關係使人們學習、工作等方面能有事半功倍之效。人際關係直接關係到我們生活的快樂，事業的成敗。沒有良好的人際關係，會使你在社會上立足不穩。可以說，良好的人際關係，是人生成功的重要保證。

(二) 建立有效的溝通

在人與人的交往中，有效的溝通與協調是取得互助與合作的基石。有效的溝通能夠消除各種人際衝突，實現人與人之間的交流行為，使員工在情感上相互依靠，在價值觀念高度一致，在事實問題上清晰明朗，達到資訊暢通無阻，改變員工之間的資訊阻隔現象，激勵士氣，減輕恐懼和憂慮，增強團隊之間的向心力和凝聚力，防患於未然，為團隊建設打下良好的人際基礎，因此，提倡各種形式有效的溝通。

(三) 隨時學習新知識

當人們不了解一件事的時候，就會覺得這件事特別複雜。也許一項新的工作計畫並沒有想像中那麼複雜，但由於缺少某些方面的知識，就會讓很多人退避三舍。而那些善於學習新知識的人就會經由學習來解決工作上遇到的問題，從而提高自己的競爭力。人一輩子都蘊含著學習的潛力，能夠不斷學習並接受新知識。養成不斷學習的習慣，可以拓寬新的視野，增長新的技能並注入新的活力。

(四) 適當休息

每個人都不是機器，不可能永遠精力充沛、信心高漲，也不可能始終如一地奔跑在人生道路上，這樣的結果通常會透支體力和精力，影響身體健康，甚至造成「出師未捷身先死」的不幸。因此，當我們在為人生的理想勤奮努力時，既要克服惰性這一成功的大敵，又要學會休息，調整身心，及時「充電」以保持旺盛的精力，繼續人生與事業的打拚和奮鬥。而不可一味透支健康的「本錢」。

(五) 及時獎勵自己

當心情不快時，過度疲勞時，遭遇挫折時，暫時停下來，以各種有益的方式休閒一下，愉悅身心，鼓舞士氣，以再接再厲。這樣就不至於因長期疲勞而最終放棄人生的奮鬥。

要知道，人生的成功不是一朝一夕就能實現的，人活到老就應當追求到老，奮鬥到老。這樣的人生才不會因為惰性而葬送了大好前程，才是有價值、有意義的人生。

每個人都有自己的人生職位，別看不起自己的工作

有一位大學生，在校時成績很好，大家對他的期望也很高，認為他必定會成就一番大事業。

他的確成就了一番事業，但不是在政府機關或在大公司裡有成就，而是賣蚵仔麵線賣出了成就。他那時還沒找到工作，就向家人「借錢」，把小店買了下來。因為他對烹飪很有興趣，便自己當老闆，賣起蚵仔麵線來。他的大學生身份曾招來很多不理解的眼光，為他招來不少生意。他自己倒從未對自己學非所用及高學低用產生過懷疑。

現在，他依然賣他的蚵仔麵線，但也從事投資，錢賺得比一般人都多。

這位大學生並沒有因為受過高等教育，就看不起別人眼裡所謂的不入流工作，而是在自己選擇的職業上開拓了自己的一片天地。

其實，我們每一個人無論你是王侯將相，還是販夫走卒，都不應該輕視自己所從事的工作。誰看不起自己的工作，誰必將深受其害。羅馬有一位演說家說：「所有手工勞動都是卑賤的職業。」後來，羅馬的輝煌歷史成了過眼雲煙。當然，羅馬帝國的隕落不是一句話就決定了的，但是，一個存在這種想法的國家，其敗落也是必然的。偉人亞里斯多德曾經也說過一句有失水準的話，他說：「一個城市要想管理得好，就不該讓工匠成為自由人。那些人是不可能擁有美德的。他們天生就是奴隸。」一個看不起勞苦大眾的人不是一個真正的智者，即便他享譽世界。

今天，在我們身邊，也有很多人看不起自己所從事的工作。儘管他們身在其中，卻過著得過且過的日子，他們心裡想的是，要不是迫於生活的無奈，我才不會做這倒楣的工作。他們輕視自己的工作，認識不到其中的價值，因而自然無法全身心地投入，這樣又怎麼能感受到工作的樂趣。

只要是正當合法的工作都是值得尊敬的，誠實地勞動和創造，自然而然展現了你工作的價值。不要在乎別人怎麼看你，只要你自己認可自己的工作，即便是被世俗之人所鄙視的清潔隊員都是值得尊敬的，都是偉大的。

工作本身並沒有尊卑之分，是人的心對工作有貴賤的看法。一個人如果從內心輕視自己所從事的工作，認為它是低賤的事情，那麼他絕對無法感受到快樂。因為看不起自己所從事的工作，就會備感工作艱辛、煩悶，自然工作也就無法做好。這顯然有害於自我成長，那麼具體該如何對待我們所從事的工作？為大家提幾點膚淺建議：

（一）具有主角意識

對待工作要具有主角意識，簡單點來說就是把工作當成自己的事情。自動自發，全力以赴地去做自己該做的事。牢記我們的一切付出都是為自己工作！並使出渾身的氣力和心智，以最好的狀態完成工作，而不要總認為是在替別人工作，為別人賺錢。

（二）有決心在平凡的職位上做出彩

世上沒有能不能，只有想不想和做不做、怎麼做的問題。只要你堅持去做、認真去做、永不放棄，就沒有什麼可以阻擋你成功的腳步。

（三）提高自己的責任意識

負責必認真，認真必勤懇，否則就是懶散、敷衍。一個不負責任的人是沒有信譽的。負責是一種態度，態度決定一切。每天的工作周而復始，時間長了誰都會覺得枯燥、平淡。正因為如此，負責且認真的工作精神才顯珍貴。

請牢記這一段話：「如果人們只追求高薪與政府職位，是非常危險的。說明這個民族的獨立精神已經枯竭；或者說得更嚴重些，一個國家的國民如果只是處心積慮地追求這些職位，會使整個民族像奴隸一般的生活。」

國王有國王的政務，農夫有農夫的農事，每個人都有自己的人生職位，別看不起自己的工作。

每件事情都值得我們用心去做

前日本郵政大臣野田聖子，她進入社會找到的第一份工作是在帝國飯店當服務員。上班的第一天，組長把她帶到廁所，對她說：「妳的工作就是刷廁所。」那一瞬間，她幾乎不敢相信那是真的，因為一直以來她都認為自己是一個非常有能力的人，一個有才能的人怎麼可能會從事這樣卑微的工作。她感受到了一種從沒有過的羞辱感，憤怒使她的臉漲得通紅，她就那樣直勾勾地看著組長。

組長知道她在想什麼，也沒有說話，挽起袖子，拿起工具，當著她的面，動作俐落地將馬桶清理得乾乾淨淨，放滿水後毫不猶豫盛了一杯喝了下去。然後面不改色地說：「妳也應該做到像我一樣。」

組長一系列行為，讓剛才還有些惱怒的她完全目瞪口呆了，同時心靈也受到了震撼，這使她認識到了自己對工作的態度有問題，並在當時就下定了決心，即便一輩子刷廁所，也要做一名最出色的刷廁所的人。

從那天起，她開始用心對待自己的工作，並由此一步步走向成功，最終成為郵政大臣。

在那些眼高手低的人眼裡，這類諸如刷廁所的工作他們是不屑一顧的，是嗤之以鼻的，他們從心裡瞧不上這類工作，認為做這樣的工作不會有什麼出息，心比天高，想的都是大事，那種轟轟烈烈，出人頭地的大事，殊不知「天下大事必作於細」。

有一句古語叫：「一屋不掃，何以掃天下？」不認真做好眼下的小事，又怎麼可能成就大事？有一句話叫「九層之臺，起於累土」。認真做好自己的本職工作，是成就大事必備的素質，正是這種認真的工作態度和極端負責的工作作風，奠定了一切成功人士事業成功的基礎。

無論什麼樣的工作，對我們的人生都具有十分深刻的意義。世界上最宏偉的建築，最具觀賞性，藝術性的作品靠一人之手能夠成就嗎？不能。最偉大的設計師，只能用筆勾勒出宏偉藍圖，而要將它展示在世人面前，在歷史上留下足跡，需要依賴被世俗之人看不起的苦力勞動者，請問，這兩者誰能脫離了誰？因此，請不要再用世俗的標準來衡量我們的工作價值的高低。

我們要牢記，看待問題，我們必須要從內部去觀察，去看事物的本質，而不要被外在的東西迷惑了雙眼。無論你從事的是什麼樣的工作，我們都應該將它看作是人生的權利和榮譽──唯有如此，才能保持個性的獨立。

任何一件事情都值得我們去做，不要小看自己所做的每一件事，即便是最普通的事，也應該全力以赴，盡職盡責地去完成。

那麼，如何才能保證用心去工作呢？

（一）戒心浮

心浮是一種淺薄，是一種輕率，是心理不穩定、個人修養不到位的表現。心浮的人對工作往往是淺嘗輒止，對責任推諉敷衍。用心工作必須力戒心浮，真正放下身段，踏踏實實做人，穩穩當當做事。

（二）戒心滿

有些人對工作是「差不多」先生，凡事追求差不多就行。從不主動思考進取，不去研究怎樣才能更好更快地完成工作，而是安於現狀，這樣的人最終只會被淘汰。

（三）戒心懶

所謂心懶就是缺乏創新精神，在工作中總是遵循固有模式，觀念陳舊，習慣於用老辦法解決問題，依樣畫葫蘆，不敢闖，不會拼。心懶導致的後果是，庸庸碌碌，一生無所作為。

無論什麼事，只有永不滿足於現狀，永不安於平庸，永不甘於落後，丟掉「懶人」的帽子，擺脫「以前也是這樣做」的刻板思維，用改革創新的精神，不斷地實現創新，開闢工作新領域和新高度，才會有出路、有進步、有發展。

（四）戒心窄

比較，是人的天性。有比較才能發現和他人之間存在的差距，發現差距才會產生動力，才能超越他人。但是，看到自己和別人的差距，要用好的心態面對，要更積極地投身於工作，要不遺餘力地將自己的工作做好，絕不能在背後搞小動作，要能容人，用自己的實力實現自己的價值。

（五）戒急躁

急則亂智，急則生患。凡事不能急功近利，好大喜功，更不能為了做出成績而不惜代價，盲目冒進。要學會內斂、低調、踏實；要修靜氣、忌張揚、務實功。

石油大王洛克斐勒最初在石油公司工作時，既沒有學歷，又沒有技術，因此被分配去檢查石油罐蓋有沒有自動焊接好。這是整個公司最簡單、枯燥的工序，同事戲稱連三歲的孩子都能做。每天洛克斐勒看著焊接劑自動滴下，沿著罐蓋轉一圈，再看著焊接好的罐蓋被傳送帶移走。半個月後，洛克斐勒忍無可忍，他找到主管申請改換其他工種，但被回絕了。無計可施的洛克斐勒只好重新回到焊接機旁，既然換不到更好的工作，那就把這個不好的工作做好再說。洛克斐勒開始認真觀察罐蓋的焊接品質，並仔細研究焊接劑的滴速與滴量。他發現，當時每焊接好一個罐蓋，焊接劑要滴落三十九滴，而經過精密計算，結果實際只要三十八滴焊接劑就可以將罐蓋完全焊接好。經過反覆測試、實驗，最後洛克斐勒終於研製出「三十八滴型」焊接機，也就是說，用這種焊接機，每個罐蓋比原先節約了一滴焊接劑。就這一滴焊接劑，一年下來卻為公司節約出五萬美元的開支。年輕的洛克斐勒就此邁出日後走向成功的第一步，直到成為世界石油大王。可見，凡事不能急躁，慢工才能出細活。

全心全意，盡職盡責地工作

一八九八年四月，美國對當時統治古巴的西班牙宣戰。美軍要想以最小的代價取得戰爭的勝利，必須與古巴反抗西班牙的起義軍合作，因為起義軍首領加西亞掌握著西班牙軍隊的各種情報，但加西亞為了躲避西班牙政府軍的剿殺，藏身在古巴的叢林裡，鮮少有人知道他的確切地點，這樣一來，想要找到他無疑非常困難。

正在美國當局著急上火的時候，有人把一個叫羅文的人推薦了上來。很快，在當局抱著試試看的情況下，羅文被找來了。時任美國總統麥金萊親自把一封信交給羅文。羅文接過信，收好，什麼話都沒說就出發了。

一路上羅文歷經曲折，在牙買加遭遇過西班牙士兵的攔截，從西屬海軍少尉眼皮底下溜過古巴海域，還在聖地牙哥參加了遊擊戰。三個星期後，在巴亞莫河畔的瑞奧布伊，羅文把信交給了加西亞將軍。正是這封給加西亞的信，使美國在三個月後取得了戰爭的決定性勝利。

羅文沒有問「加西亞在什麼地方、長什麼模樣、如何與他取得聯繫」等問題，而是平靜地把信帶走，透過自己的努力，最終完成了任務。

一個人不管是從事什麼工作，不管你是有著多年工作經驗的老手，還是初入職場的新秀；不管這工作是否是你所擅長，還是你對此感到束手無策，你都要盡心盡責，盡自己最大的努力，在你的職位上做好每一件事。這不僅是對待工作的原則，同樣也是人生的原則。一個人如果沒有了職責和理想，那麼生命就會變得毫無意義。

全身心地投入工作，即便是在最艱苦的地方，最後你終將會獲得身心的自由。舉凡成功者，無不是在某些特定領域裡曾經堅持不懈努力的人。

請記住這句話，無論從事什麼職業，都應該精通它。下定決心掌握自己職業領域的所有問題，讓自己變得比他人更為專業，更為高深。

有一位成功學大師傳授成功心得：「在一段時間內集中精力只做一件事，並將它徹底做好。」

總之，做任何事情，必須竭盡全力，因為它決定一個人日後事業上的成敗。一個人一旦領悟了全力以赴地工作能消除工作辛勞這一祕訣，他就掌握了打開成功之門的鑰匙了。能處處以主動盡職的態度工作，即使從事最平庸的職業也能增添個人的榮耀。

第二節　合理授權，合理輕鬆

要做一個優秀的領導者，既辛苦又具挑戰性，除了要能運籌帷幄，還要懂得心理諮詢、溝通協調、人際關係等。而管理的最高祕訣，在於能夠先管理好自己的心，將自己的心管理得慈悲柔和，與下屬相處必定能夠獲得認同。

有識人之才，有用人之智

一代梟雄曹操用人主張「任天下之智力，爭天下之歸心」，「大用者不務細行」，「吾任天下之智力，以道御之，無所不可」；他深知「失晨之雞，思補更鳴」，「知人善察，難眩以偽，拔于禁、樂進於行陣之間，取張遼、徐晃於亡虜之內，皆佐命立功，列為名將」；他以大局為重，能做到「各因其器，矯情任算，不念舊惡」，張繡降後叛變，之後又再次投降，曹操對他優待並封為列侯，畢諶、魏仲等人都曾欺騙過曹操，被擒後還是被重用。因此，曹魏陣營中文臣、武將輩出，從而開創了大局面。

老子《道德經》裡有這樣一段話：「太上，不知有之；其次，親而譽之；其次，畏之；其次，侮之。信不足焉，有不信焉。悠兮，其貴言。功成事遂，百姓皆謂『我自然』。」意思是：最好的領導者，部下並不感覺他的存在；其次的領導者，部下親近並稱讚他；再次一等的領導者，部下畏懼他；更次一等的領導者，部下輕蔑他。領導者的誠信不足，部下不信任他，最好的領導者是那麼悠閒，很少發號施令，事情辦成功了，眾人說「我們本來就是這樣的」。

星雲大師在他談智慧一書中列舉了幾種用人的情形，值得每一位領導者深思，具體內容如下：

「凡卑躬屈意地侍奉賢人，虛心受學，那麼本領百倍於自己的人就會前來。
如果比別人先趨後息，先問後憩，那麼本領十倍於自己的人就會前來。
如果和別人同進同出，人趨亦趨，那麼和自己同樣才能的人就會前來。
如果靠几拄拐，斜眼地指揮別人，那麼仰承鼻息的小人就全都來了。
如果恣縱暴戾，憤然打揍，頓腳發怒喝斥，那麼最下流的奴才也都送上門了。」

這五種情形，告誡了領導者在用人時要採用怎樣的行為，以合理地使用人才，那麼，實際上領導者要用什麼樣的智慧以對待人才呢？我個人的總結，一共五句話，十五個字，那就是：能識人、交知己、用對人、善授權、能容人。

（一）能識人

能識人，是指能夠看出一個人的能力，洞察一個人的好壞，看清其用心。古今中外眾多成功的事實顯示：領導者要成事業、興業，就必須識人才，而要識人才，首先自己必須是人才。因此，在我們埋怨很多人不是人才時，往往是因為自己不是真正的人才；在我們埋怨身邊沒有人才時，往往是因為我們自己有眼無珠；在我們埋怨人才太少時，往往是因為我們自己不具備慧眼識才的能力。為了廣泛地發現人才，充分地尊重人才，切實地任用人才，做為領導者首先要不斷充實自己、完善自己、改造自己、提高自己，使自己首先成為能夠慧眼識人的真正人才。

（二）交知己

所謂知己，就是指志同道合之人。有一句俗話：「士為知己者死。」所以，領導者在經營企業的第一件大事，就是要找到志同道合的知心朋友，雙方之間沒有上下級之間的區分，只有相互幫助、互相支持、互相關心的知心朋友。

（三）用對人

人無完人，金無足赤。所以雖是人才，但不可能是通才；雖是能人，但不可能是全能。用對人，就是用人才的長處，發揮人才的特長；就是將人才安排到最適合自己特長的工作職位去發揮、發展自我。能否用對人，直接關係到事業的成與敗，也最考驗一個領導者的心智。

（四）善授權

學會下放權力是領導者必須具備的基本能力。因為你無力控制所有事情。當你試圖控制所有事情的時候，往往會做得既低效又混亂。因此，你最好能讓自己的員工去執行，因為他們可能比你更加了解情況。

善授權，是要求領導者要百分百地相信各級員工們的品德、知識、能力，要百分百地將執行權力分別授予每一個職位。只有這樣，各級員工才會自發地管理自己，才會正確地行使自己職位的經營管理權；只有這樣，企業才能杜絕「人治」（以老闆或管理人員說了算）的桎梏，實現「法治」（以制度管理企業）的目標和理想。

有一句古話說得好：「人非聖賢，孰能無過，知錯能改，善莫大焉。」能人也是人，也是吃五穀雜糧長大的，也是有七情六欲的，儘管他們比一般人優秀，有時卻也會在工作中犯點錯誤或出現一點失誤。在這種情況之下，領導者要有寬闊的心胸，不但要能夠容忍和原諒能人所犯的錯誤，而且要熱心地幫助他改正錯誤，總結和吸取失誤的經驗教訓。只有這樣，他們在工作中的錯誤和失誤才能真正被杜絕。

把工作交給適合的人來做

一次，森林遭遇蟲災，很多樹木都被蟲子掏空了樹幹，最後紛紛死去，這種情形隨著蟲災的日趨嚴重也是愈演愈烈，大有要毀滅整片森林的趨勢。

百獸之王老虎緊急召集森林裡的動物商討對策，找到對付蟲災的辦法。商討了半天，很多動物都主張將這事交給豹。借助豹強壯的四肢力量，將隱藏在樹幹裡的蟲子掏出來。老虎一聽，覺得似乎很有道理，於是將此項工作交給了豹群。

幾天過去了，蟲災非但沒有消滅，相反，樹木枯死的速度更快了。原來，豹在抓小蟲的同時也加劇了樹木的損傷，以至於原本可以多活些時日的樹木提前終止了它們的生命。

見此法不成，眾動物又趕緊商討對策，最後，啄木鳥被選了出來。經過牠們的努力，蟲災被消滅了，森林又恢復了生機。

世上有成千上萬的失敗領導者，他們之所以在創業的道路上遭遇失敗，很大程度上要歸因於他們將許多工作分配了不宜從事此工作的員工身上，也不去管他們是否能勝任此項工作。一個善於用人、善於安排工作的人就會在管理上少出許多麻煩。他對於每個雇員的特長都了解得很清楚，也盡力做到把他們安排在最恰當的位置上。但那些不善於管理的人往往忽視這個重要的方面，而總是考慮管理上一些雞毛蒜皮的小事，這樣的人當然要失敗。

很多精明能幹的總經理、大主管在辦公室的時間很少，常常在外旅行或出去打球。但他們公司照樣很正常，公司的業務仍然像時鐘的發條一樣有條不紊地進行著。那麼，他們如何能做到這樣省心呢？他們有什麼管理祕訣呢？沒有別的祕訣，只有一條：他們善於把恰當的工作分配給最恰當的人。

高明的領導者在分配任務的接受者時往往會考慮三個方面：

（一）看接受者是否是個專家

將任務分配給能夠比你做得好或者做得快的人是個理想的方案，因為這方案需要你的指導最少，因此可以立刻節省時間。

如果辦公室裡沒人是內行的，那看看你是否能夠從外面招聘一個顧問或者是一個有經驗的臨時雇員。

（二）看接受者是否能夠勝任

將工作分配給一個能勝任的人可以讓你花在解釋工作和交接工作的時間減至最少，而且還能將工作完成得非常好。這樣你可以騰出更多的時間來處理更重要的工作。

（三）看接受者是否是個新手

將工作分配給一個新手，這意味著你需要更多的投入，但能得到更多的回報。選一個剛剛起步的人，他就會成長為你的忠實助手。

選個適合的人，目的就是按照最佳組合將每個任務和接受任務的人搭配起來，將工作在規定的時間內完成得更好，而且不會占用你的時間。

選適合的人才要避免對以下幾種人才的使用：

（一）巧言令色者不能用

《論語．學而》曰：「巧言令色，鮮以仁。」這句話的意思就是：滿口花言巧語，滿臉裝著和善的樣子去討好、奉承別人的人就是不重視仁義道德的人，人們都不要和巧言令色者來往。

事實上，由於太多的人有喜歡聽好話、聽奉承話、貪便宜的天性，因此，巧言令色之人往往能夠利用人們的這些弱點，去騙取善良人的信任和財富。這就是形形色色的騙子能夠屢屢騙人而得手的原因之所在，這就是領導者不能用巧言令色者的道理之所在。巧言令色者多是些沒有真材實料之人，因此，不可用。

（二）不注重團隊精神的人不能用

《論語．為政》曰：「君子周而不比，小人比而不周。」因此，品德高尚、志同道合的君子講團結而不相互勾結和結黨營派；不注重團隊精神的個人英雄主義者是小人，小人是只講相互勾結、結黨營派而不講團結的。

經營就如同鏈條一般環環相扣，節節相連，少一環或多一節都會使機械停止運轉，所以，企業各部門之間的團隊精神要像鏈條一般緊密合作，企業就自然會創造出良好的業績。而不注重團隊精神的人，他必定是一個個人主義者，他就如同鏈條上少了一環或多了一節一樣，會致使整個團隊失去協作精神和協調工作，從而嚴重影響到企業的長遠發展。

（三）眼裡只有錢財的人不能用

眼裡只有錢財的人，他們待人不在乎品德，做事沒有責任心，他們對社會、對企業沒有義務的概念，只有唯利是圖的想法，滿心思、滿腦子到處都是想錢。《易傳．繫辭》上說：「方以類聚，物以群分。」所以，他們不但做不好任何事情，而且還會汙染其他員工的心靈，這就是「方以類聚，物以群分」和「一顆老鼠屎壞了一鍋湯」的道理。

與員工相處的智慧

某部門經理李娜很看不慣員工小麗做事拖拉馬虎。而小麗則自認為自己在公司創業初期就和老闆一起「打天下」，所以也根本沒把李娜這個比自己小幾歲的女上司放在眼裡，派遣給她的任務也不重視。李娜一直希望能以自己的能力和真誠軟化小麗高傲的心，所以也沒有深究她的一些失誤和工作延宕。但是不久之後，她就發現自己的做法並沒有贏得小麗的認可，相反地，她對自己也變得更加不屑一顧。李娜為此非常苦惱……

在現實社會中，每個工作團隊都有出類拔萃的人才存在。這些人也許不易馴服，也許個性突出，也許才高壓主。身為一個領導者，面對這樣的員工，你準備如何與他們相處呢？是挫挫他們的鋒芒、打壓他們的個性，還是將他們擺在最適合的工作職位上，讓他們的才華熠熠生輝呢？同樣，每一個工作團隊也都會存在一些平庸、混日子的人。對這樣的員工，你是準備找機會讓他們走人，還是調動他們工作的積極性，為你的團隊添磚加瓦，發光發熱？一個聰明的領導者，面對有才能的員工，應做到的是寬容、大度、開明，勇於做伯樂、做墊腳石，給千里馬廣闊的天地，而不是「武大郎開店」，嫉賢妒能，用強權將他們的才能扼殺。一個有智慧的領導者能夠開發出員工的潛能，幫助他實現他的價值，同時也實現自己的價值。可見與員工相處的藝術，直接決定了領導者的自身價值。

一個高明的領導者，在和員工相處時，要注意哪些細節？

（一）內心尊重員工

內心尊重員工，讓員工感覺到自己在團隊裡很重要。馬斯洛把人類的需求分成生理需求、安全需求、社交需求、尊重需求和自我實現需求五類。每個人都希望被關注，雖然不同的人看重的關注不同，但都十分憎惡被忽視，特別是被自己的上司忽視。所以，成功的領導者，都會採用不同溝通方式，讓自己的員工感受到自己在組織中的重要性，特別會花較多的時間和「明星」員工進行溝通，更好地激發其潛力，為公司做出貢獻。

對員工的尊重，有三個關鍵技巧。

一是記住員工名字。對中高層管理人員來說，沒有直接工作關係的隔級員工可能很多，記住那些員工的名字，見面的時候直呼其名，這是最讓員工感覺到受重視的事情。

二是要學會傾聽。高效率的領導者能夠避免對員工做出武斷的評價，不會受過激言語的影響，不急於做出判斷，而是感同身受員工的情感，帶著理解和尊重傾聽員工的心聲。

三是關懷員工生活。噓寒問暖，談談家常，都可以展現對員工重視。對員工生活中的困難，給予及時的關注，甚至可以動用公司的力量幫助員工克服重大的生活困難。但一定要避免在其他員工面前造成自己和某位員工私人關係很好的印象。

（二）工作上提攜員工

工作上提攜員工，幫助員工在工作中取得進步。不同的員工對從事的工作有不同的期望，有的期望可以加薪，有的期望可以升職，有的嚮往可以獨立自主地做事情。幫助員工進步，更多的是為員工設定符合其價值導向的目標，然後鼓勵員工去實現。在員工取得成

績的時候及時給予表揚和鼓勵，在員工績效沒達到目標的時候給予輔導或培訓。（三）內部管理處事公正

內部管理處事公正，領導者要在團隊內形成處事公正的風氣，的確不容易，因為每個人對公正的理解不同，看問題的角度不同，不同的人對公正的認識也不同。比如，部門內獎金的分配，在沒有內部分配規則的前提下，每個人總有理由認為自己的貢獻更大，領導者如何在員工中分配獎金就是很為難的事情。對能力強貢獻大的員工，領導者平時和這類員工溝通就比較多，如果獎金向能力強者傾斜，其他員工甚至可能會認為誰和上司關係好誰拿的就多。最後，很可能的結果是大家拿的都差不多，即使這樣，員工們也會認為不公正，因為總會覺得自己應該獲得的更多。

實現內部公正的前提是公開、公平。而實現公開、公平、公正的手段，就是部門內建立良好的規則和制度，員工在透明公開的規則下工作、競爭，最後工作考評結果和內部權益的分配都可以做到公正公開，就可以大大提高員工的公正感。

要做一個優秀的領導者，既辛苦又具挑戰性，除了要能運籌帷幄，還要懂得心理諮詢、溝通協調、人際關係等。而管理的最高祕訣，在於能夠先管理好自己的心，將自己的心管理得慈悲柔和，與員工相處必定能夠獲得認同。

第三節　學會與人協調，獨樂樂不如眾樂樂

心存善良，是以他人之樂為樂，樂於扶貧幫困，心中就有欣慰之感。與人為善，樂於友好相處，心中就有愉悅之感。心善之人，光明磊落，樂於對人敞開心扉，心中就有輕鬆之感。

與人融洽地工作

某位先生剛剛調入部門一個月，這一個月來，由於他處處小心做事，逢人笑臉相迎，所以同事們對他的態度也很友善，不曾遇到他所擔心的任何麻煩。

有一次，他和一位同事談得很投機，便將一個月來看到的不順眼、不順心的人和事通通向這位同事和盤托出，甚至還批評了部門裡一兩個同事的缺失，藉以發洩心中的悶氣。

不料由於對這位同事了解甚少，這位同事竟然是個愛搬弄是非的人，不出幾日便將這些「惡言」轉達給了其他同事，立刻使得這位先生狼狽至極，也受到孤立，在部門裡幾乎沒了立足之地，這時這位先生才如夢初醒，後悔不該一時衝動沒管好自己的嘴，忘記了「來說是非者，必是是非人」這樣一個淺顯的道理。

人類的社會性活動決定了每個人都直接或間接地需要他人的支持、配合與幫助，這種

人與人之間的相互聯繫形成了人際關係。團隊成員雖然同處於一個群體中，但彼此關係的緊密程度各不相同。如何與同事融洽地工作，是團隊建設過程中需要重點解決的問題。

同事是與自己一起工作的人，與同事相處得如何，直接影響到自己的工作，事業的進步與發展。如果同事之間關係融洽、和諧，人們就會感到心情愉快，有利於工作的順利進行，從而促進事業的發展。反之，同事關係緊張，相互拆臺，經常發生磨擦，就會影響正常的工作和生活，阻礙事業的正常發展。

一直以來，如何與同事相處都是辦公室政治的中心內容，那些善於處理同事關係，巧妙贏得同事支持的人總能在辦公室中玲瓏八面，安然生存；而那些自命清高，不屑或者根本不會與同事「周旋」、來往的人，則免不了時時被動挨打，舉步維艱。

越來越多長久深陷於同事社交圈子，早已習慣成自然的人們領悟到：若想在事業上獲得成功，在工作中得心應手，就不得不深諳同事間相處的學問。

具體該如何做？

（一）站在對方的立場考慮問題

要經營好同事關係，就要學會從他人的角度來考慮問題，善於做出適當的自我犧牲。要處處替他人著想，切忌以自我為中心。

我們在做一項工作時，經常要與人合作，在取得成績之後，我們也要讓大家共同分享功勞，切忌處處表現自己，將大家的成果占為己有。提供他人機會，幫助其實現生活目標，對於處理好人際關係是至關重要的。

替他人著想應表現在當他人遭到困難、挫折時，伸出援助之手，給予幫助。良好的人際關係往往是雙向互利的。你給別人種種關心和幫助，當你自己遇到困難的時候也會得到相應的回報。

（二）牢騷怨言要遠離嘴邊

不少人無論在什麼環境裡，總是怒氣衝天、牢騷滿腹，總是逢人便大倒苦水。儘管偶爾一些推心置腹的訴苦可以構築出一點點辦公室友情的假象，不過像機關槍一樣嘮叨不停會讓周圍的同事苦不堪言。也許你自己把發牢騷、倒苦水看作是與同事們真心交流的一種方式，不過過度的牢騷怨言，會讓同事們感到既然你對目前工作如此不滿，為何不跳槽，去另尋高就呢？

（三）遠離流言蜚語

「為什麼某人總是和我作對？這傢伙真讓人煩躁！」、「某人總是阻礙我做事，不知道我哪裡得罪他了！」……辦公室裡常常會飄出這樣的流言蜚語。要知道這些流言蜚語是職場中的「軟刀子」，是一種殺傷性和破壞性很強的武器，往往造成對受害人心理的傷害，它會讓受傷害的人感到厭倦不堪。要是你非常熱衷於傳播一些挑撥離間的流言，至少你不要指望其他同事能熱衷於傾聽。經常性地搬弄是非，會讓部門內的其他同事對你產生一種避之唯恐不及的感覺。要是到了這種地步，相信你在這個部門的日子也不太好過，因為到那時已經沒有同事把你當回事了。

(四) 低調處理內部糾紛

在長時間的工作過程中，與同事產生一些小矛盾是很正常的事情。如何處理這些矛盾呢？這需要一定的技巧。這個時候，你得注意方法，盡量不要讓你們之間的矛盾公開激化，不要表現出盛氣凌人的樣子，非要和同事分個勝負。退一步講，就算你有理，要是你得理不饒人的話，同事也會對你敬而遠之，覺得你是個不給同事留餘地、不給他人面子的人，以後也會在心中時刻提防你，這樣你可能會失去一大批同事的支持。此外，被你攻擊的同事，將會對你懷恨在心，你的職業生涯又會多一個「敵人」。

(五) 善於讚揚別人

要胸襟豁達，善於接受別人及自己，要不失時機地讚揚別人。你要學會坦誠相待，以心換心，用你的真情去換取朋友、同事的信任和好感。但須注意的是讚揚別人時要掌握分寸，不要一味誇張，從而使人產生一種虛偽的感覺，失去別人對你的信任。

（六）靈活應酬

吃喝應酬要講究技巧，不要等需要別人幫助時才想起「交流」。如果你剛領了獎金，不妨來個觀音請羅漢，「這個獎也有大家的功勞嘛，今天我請客」，這話誰都願意聽。千萬別忘了要平等待人，自大或自卑都是同事間相處的大忌。同事請客一般應能去則去，不能去則要說明情況。

（七）競爭含蓄

面對升職、加薪，應拋開雜念，不耍手段，但絕不放棄與同事公平競爭的機會。不要將辦公室裡的地位和利益競爭表現得過於赤裸，那樣會招來無關同事的反感，影響你的形象，也會為你的競爭帶來害處。真正明智的競爭應該是厚積薄發，暗裡用勁，那樣才不至於與同事在面子上搞得太僵。

面對強於自己的競爭對手，要有正確的心態；面對弱於自己的，也不要張狂自負。如果與同事意見有分歧，則完全可以討論，但不要爭吵，應該學會用無可辯駁的事實及從容鎮定的聲音表白自己的觀點。

（八）作風正派

作風正派包括勤奮、廉潔的工作作風和正派的生活作風。只有勤奮工作並盡可能把工作做出色的人，才不至於被同事看作累贅，同事才樂於與你交往。而廉潔自律，則是能博得他人敬重的主要依據。在生活作風方面，無論男女都要正派，不要放縱自己。沒有私生活的出軌，被造謠的機會必然會大大減少。

注意避開人際關係的陷阱

奧維茨（Michael Ovitz），他曾是好萊塢最有權勢的人物之一。在身為艾斯納（Michael Eisner）選定的接班人加盟華特迪士尼公司（Walt Disney Co.Ltd）之前，奧維茨是好萊塢著名的經紀人。由於當時兩人身處不同的位置，他們在某些具體的合約談判中經常扮演對立的角色，但這並不妨礙雙方發展一種緊密的私人關係，兩家人經常在一起度假。然而，當奧維茨加盟迪士尼之後，他很快意識到，自己對他們之間的關係做出了很嚴重的錯誤判斷。兩人不斷發生衝突，奧維茨最後還是離開了迪士尼公司，鬧得不歡而散。

一個成功的職場人士，必須成功地處理好與他人之間的各種關係，擅長人際管理的人在應對公司事務上往往表現得遊刃有餘。相反，一旦步入了人際關係的陷阱，你也有可能像奧維茨和艾斯納一樣，最終因為工作上的問題導致兩人生活中同樣出現不可調和的矛盾。

工作中的人際關係具有短暫性和臨時性的特點，人們在職業生涯中可以有親密的合作夥伴，但卻很少有真正的朋友。因此，除非你完全確信某位同事是自己的朋友，否則你最多只能將對方當成是個盟友。

那麼，常見的人際關係陷阱有哪些？以下為大家列舉五類最容易犯的錯誤。

（一）錯將盟友當朋友

有些人在離開公司後，如果發現以前的同事對他的熱情不夠，不怎麼搭理他，他就會在內心產生怨恨，心生刻薄。事實上，產生這種人走茶涼的感覺是因為他錯誤地將同事歸為了朋友，事實上，他們以前在一個公司共事，僅僅是盟友關係，並不是可以肝膽相照，兩肋插刀的朋友。

（二）將對手當敵人

對手和敵人的最根本性的區別是：敵人始終和你作對。而對手則是那種當他發現如果和你站在同一邊符合他們的最大利益的話，他便會選擇和你結盟。

要準確地判斷出你身邊的人是對手還是敵人往往非常困難，因為敵人總會將自己偽裝成對手。學會區分敵人和對手至關重要，因為處理這兩種關係需要完全不同的策略。

至於實際上要如何區分恐怕需要依賴你自己了，因為沒有可以完全套用的模式供你借鑑。

（三）不能將對手轉化為盟友

當與對手結盟能實現利益的最大化時，應該將對手變成你的盟友。在一個生產型公司，負責銷售的管理人員和生產部門的領導者通常都是處在對立當中，這兩種職位所肩負的職責經常迫使兩位領導者之間發生爭執，尤其是當生產部不能在銷售人員所要求的時間內完成訂單任務時。在這時候，兩位領導者就應該相互協調，共同解決難題，而不是一方抱怨，另一方消極怠工。

然而，很多高層領導者卻並沒有將對手變為盟友，而是成為了敵人。某生技公司的首席律師傑克在被執行長解雇後，在警衛的「護送」下被趕出了公司大門。這一經歷令他感到十分痛苦和羞恥，使他很難忘記那種憤怒的感覺。兩年後，他在一次行業聯誼會上遇到了這位執行長。對方向他笑了笑並要和他握手，但是他拒絕了，並揚長而去。後來，當另一家公司考慮請傑克擔任某個董事職務時，這位執行長出面提供了負面意見。當初，傑克對這位執行長還以顏色可能解了心頭之恨，但是這樣做卻把對手變成了敵人。

(四)不珍惜和盟友之間的關係

領導者在處理人際關係時所犯的最大錯誤，可能就是不能很好地維護好和重要盟友之間的關係。一定要牢記，和盟友之間的關係是基於臨時條件構建起來的，因此不能想當然爾地認為他們理所應當要為你提供支持。

一個高明的職場人士，至少要與最關鍵的那百分之二十的盟友保持緊密聯繫。這樣做的目的是，不能讓任何關鍵的盟友覺得，你總是無事不登三寶殿。

以上幾點都是從公司領導者的身份來說的。對於公司的普通職員，又該如何避開人際關係的陷阱呢？

注意以下幾個要點：

(一)保持社交距離

和同事之間保持適當的距離，為彼此的心靈留下一點空間，這也是衡量人際關係的一個重要法則。

距離感不僅會為人帶來心理上的安全感，而且還為你處理人際關係提供了一個轉圜的餘地。如果你和某位同事過於親近，結果就有可能會影響你和其他同事的往來。因此，和同事社交，應該採取平等往來的原則，不要根據自己的喜好，擇人而交。這樣才不至於為自己招來「一榮俱榮，一損俱損」的後果。

(二) 謹防被同事出賣

有一句老話叫：「害人之心不可有，防人之心不可無。」畢竟社會是複雜的，身在職場，一定會遭遇形形色色的人，什麼樣的人能讓你心情愉悅，人生更加精彩；什麼樣的人只是你人生路上的匆匆過客；什麼樣的人能替你排憂解難；什麼樣的人又會在你遭遇困難時，落井下石；等等，你一定要分清楚，所以，在職場上，你一定要慎防被同事出賣。

荀子在論人性時說：「人之性惡，其善者偽也。」這話固然有些偏激，但現實生活中的確要在與人打交道時謹慎小心，對朋友不妨多點戒心，考慮一些防患對策，為自己留些「逃生」的餘地，才不至於在事情發生之際追悔莫及。

人生從某種角度看也是一場戰爭。在這場戰爭中，為了求生存，必須要有慎重的生活方式和態度，這樣才不至於上某些人的當，吃大虧。

提高人際交往能力，建立良好人際關係

小韓新聞傳播學系畢業後，透過家人的關係進入了臺北一家有高知名度的雜誌社當採編。體面的工作，豐厚的薪水一度讓身邊的朋友羨慕不已。最初，她一直為能夠學到很多新東西而高興，因此十分賣力地工作，儘管自己是新手，她在工作業績方面絲毫不比別人差。仔細算算，從畢業後小韓已經在這個雜誌社待了將近三年。就在公司即將進行人事調整，準備要從眾多採編中選出一名編輯的時候，新的問題來了。由於工作性質的原因，小韓的部門同事大多都是女性，表面上大家都和和氣氣的，一旦涉及到利益問題，「河流平靜的表面就開始催生出底層的暗湧。」大家都有心裡的小算盤，對編輯的職位也都虎視眈眈地盯著。複雜的人際關係壓得小韓喘不過氣來。小韓希望能得到這個職位，只是在學歷上比別人稍微低了一點（有幾個同事都是研究生學歷），但單論業績她完全有資格。現在每天聽著含沙射影的話，周旋於同事間的競爭比較，小韓覺得自己快崩潰了，甚至想到了辭職。

小韓面臨的最大問題就是職場上的「人際關係壁壘」。只要自己有足夠的自信，完全

可以光明正大地爭取這一職位。

人際關係是社會生活中人與人之間的直接交往關係。人際關係是一個人事業成功的基礎和保證。我們在工作中應該努力提高與人打交道的能力，建立良好的人際關係。

卡內基說：「一個人的成功，只有百分之十五是由於他的專業技術，而百分之八十五則要靠人際關係和他為人處世的能力。」有人曾對美國一百位白手起家的百萬富豪進行分析，發現他們都有一個共同特點，那就是擁有良好的人際關係。社會心理學家安東尼．羅賓（Anthony Robbins）說：「人生中的最大財富是人際關係。」成功的人很少單靠個人的能力，通常都得益於良好的人際關係。由此可見，處理好人際關係已經成為我們不可忽視的重要問題。

既然人際關係對人之一生如此重要，那麼就應該提高自己的社交能力，綜合來說可以掌握以下幾個要點：

（一）明確往來的根基

同事之間的人際關係是在一種共同的職業工作中形成的相互依存的關係。由於個體在生活方式、教育背景、性格愛好、生活經歷、理想追求、追求目標等諸多方面存在著差異，使得工作團隊中的個人不可能與他所處的群體中其他人的想法、工作方式完全一致，因而團隊內就會產生各種不同的人際關係類型。比如，合作型、利用型、共事型、被迫型等。正確地認識同事關係，明確相互往來的根基——利益目標一致、相互依存，從而為取得合作型的人際關係提供正確的認知條件。

（二）以誠待人，尊重他人

真誠是人際交往過程中非常重要的一點。什麼是真誠？有人說：「真誠並不意味著一定要指出別人的缺點，但真誠一定意味著不恭維別人的缺點。」杜絕當面一套，背後一套。但須注意的是，在指出別人缺點時，要注意方式，以免傷害對方的自尊心。以誠待人，尊重他人必然能換來他人的尊重和真誠相待。

（三）心存善良，與人為善

心存善良，是以他人之樂為樂，扶貧幫困，心中就有欣慰之感。與人為善，友好相處，心中就有愉悅之感。心善之人，光明磊落，對人敞開心扉，心中就有輕鬆之感。

與人為善是發展良好人際關係的基礎，友好相處是建立良好同事關係的起點。如果同事間一開始就沒有與人為善、友好相處的願望，那麼在工作中就會迴避交往，冷漠相處，甚至敵視。

（四）嚴以律己，寬以待人

「嚴以律己，寬以待人。」意思就是對別人不要求全責備，對自己要嚴格要求。在生活和工作中，要做到這一點卻很不容易，許多人往往是恰恰相反。對別人是百般苛刻，對自己卻放蕩不羈。

你要知道，「金無足赤，人無完人」，與同事相處，首先要學會嚴格要求自己，寬容他人的弱點和不足。只有這樣，才可能建立起進一步的關係。相反，過分苛求別人，甚至鄙視、詆毀別人，將會影響和諧的同事關係，甚至會受到他人的冷漠和排斥。

（五）多些包容，化解衝突

在工作、人際交往中，吃虧、被誤解的事總是不可避免的。面對這些生活中的小挫折、小插曲，最明智的選擇就是學會寬容。寬容是一種良好的心理素質。它不僅包含著理解和原諒，更顯示出氣度和胸襟、堅強和力量。

第四節　別讓財富影響我們的快樂指數

對錢的平常心，是現代社會平常心的一個標誌。沒有找到對待金錢的正確態度，沒有找到對金錢的平常心，哪有心靈的自由？

對金錢有一個正確的認識

雅典的貴族泰門慷慨好客，樂善好施，揮金如土，家中日日賓客如雲。雖然他幫助許多人擺脫了困境，但他分不清諂媚者與朋友，把大部分錢都花在了惡棍與寄生蟲身上。一朝黃金散盡，債主盈門，他派人向元老、貴族以及那些曾經受過他恩惠之人請求援助時，那些曾百般躬迎的小人卻如躲避瘟疫一樣避之唯恐不及，此時他叫天天不應，叫地地不靈。泰門悲憤地離開了人群，獨自隱居在城外的洞穴裡。某天，他正挖樹根充饑，無意中發現了一大堆金子，飽經世態炎涼，看透人間虛偽的泰門不由憤怒地說：「金子！黃黃的、發光的、寶貴的金子，這東西只這麼一點點，就足夠顛倒黑白，醜的變成美的，錯的變成對的，卑賤變成尊貴，老人變成少年，懦夫變成勇士……這黃色的奴才，可以使異教聯盟，國家分裂，祝福罪人，麻瘋病人被當作情郎；有了它，在元老會議上，強盜可以封官獲爵，受人們的跪拜、頌揚；有了它，雞皮鶴髮的寡婦能夠重做新娘。」

莎士比亞藉著泰門之口道出了金錢對人性的扭曲。在這個物欲橫流的時代，金錢是每一個現代人都不能迴避的問題。金錢對人的誘惑的確很大，很多人在金錢面前迷失了本性。一些人揮舞著手中的金錢，使「黑的變成白的，醜的變成美的，錯的變成對的」，有人吶喊「有錢走遍天下，無錢寸步難行」。

在正確使用金錢之前，先要正確對待自己。請記住：你自己是第一位的，你的精神是第一位的，你所愛的人是第一位的，而金錢次之。

你本身、你的精神及你的快樂遠比你的金錢重要，相信你會贊同這一觀點。事實上，賺錢的目的並非是錢生錢，而是使你在經濟上有所保障，有安全感，並充滿快樂。金錢應起到保護你、照顧你的作用，而你的首要任務不是去保護和照顧你的金錢。你應該讓金錢更好地為你服務，為你帶來內心的平安快樂，而不是讓自己成為金錢的奴隸，徒增煩惱。

對錢的平常心，是現代社會平常心的一個標誌。沒有找到對待金錢的合理態度，沒有找到對金錢的平常心，哪有心靈的自由？

對錢財我們到底應該持什麼樣的態度？

（一）不貪財

貪財是萬惡之根。有人貪戀錢財，就被引誘離了真道，用許多愁苦把自己刺透了。「金錢萬能」、「金錢萬惡」都不正確。聖經不是說「錢財是萬惡之根」，只說「貪財是萬惡之根」。貪愛銀子的，不因得銀子知足；貪愛豐富的，也不因得利益知足。因此，我們不應該對錢財心存貪念。

（二）不倚靠錢財

有一句俗話說：「窮無三代，富無三代。」社會上也有個流行詞叫「啃老族」，意即依靠上一輩人的財富生活，這是一種大愚，也是一種悲哀。錢財不可靠，轉瞬即逝，誰企圖坐享其成，最後只會自嘗苦果。

（三）不受錢財迷惑

我們每一個人都應該以自己所擁有的東西而感到知足，我們要知道怎樣去面對貧賤，同時也要知道怎樣去面對通達。安貧樂道，安富樂道，達到特別自在的狀態。這個平常心要求你既看重金錢，又看輕金錢。不貪、不奢、不執迷，輕鬆自在地對待它、玩耍它，這是入世的自在。

金錢是當代社會的一大魔相，是誘使人走入誤區的一大因素。在金錢問題上做到灑脫自在，也是一種對心靈的修練。

別讓金錢迷失了心竅

洛克斐勒出身貧寒，創業初期勤勞能幹，人們都誇他是個好青年。可當他富甲一方後，變得貪婪冷酷，賓夕法尼亞州油田地帶的居民深受其害，對他恨之入骨。有的居民以他的形象為藍本，製作了他的木偶像，然後將那木偶像模擬處以絞刑，以解心頭之恨。無數充滿憎恨和詛咒的威脅信送進他的辦公室，連他的兄弟也不齒他的行徑，而將兒子的墳墓從洛克斐勒家族的墓園中遷出，並說：「在洛克斐勒支配的土地內，我的兒子無法安眠！」洛克斐勒的前半生是在眾叛親離中度過的。

當洛克斐勒五十三歲時，疾病纏身，人瘦得像木乃伊。醫生告訴他，他必須在金錢、煩惱、生命三者中選擇一個。這時他才開始領悟到，是貪婪這一惡魔控制了他的身心。他聽從了醫生的勸告，退休回家，開始學打高爾夫球，去劇院看喜劇，還常常跟鄰居閒聊。他開始過一種與世無爭的平淡生活。

後來，洛克斐勒開始考慮如何把巨額財產捐給他人。起初，人們並不接受，可是透過他的努力，人們慢慢地相信了他的誠意。洛克斐勒創辦了不少福利事業，還幫助黑人。他一生至少賺進了十億美元，捐出的就有七億五千萬。人們開始用另一種眼光看待他。

幸福的人生有時需要靠金錢來造就，但是金錢也同樣造就了人生的不幸。金錢是許多東西的外表，卻不是內在的果實。它能帶來短暫的舒適，卻帶不來永久的健康；它能帶來彼此的相識，卻無法讓彼此之間產生真正的友誼；它能帶來享受，卻永遠也帶不來幸福。因而，別讓金錢迷了心竅，否則，你可能會失去整個世界。

「人為財死，鳥為食亡」是一種被曲解和誤解的世俗哲學。在這種理念的驅使下，人們迷了心竅，喪失了自我，成為金錢的奴隸，從此健康、快樂遠離了自我。孰不知，金錢固然重要，但也不是萬能的。如果一個人被金錢蒙住了雙眼，便會失去自己的世界，也領略不到生活中的真善美，這樣的人永遠也不會快樂，也永遠尋不到生命的真諦。

追究腐敗的根源，多少腐敗分子不正是由於「錢」迷了「心竅」，在金錢面前貪婪的欲望不斷膨脹，忘記了「君子愛財，取之有道」的道理，丟棄了人格，走向了愛財的邪門歪道，最終跌入了罪惡的深淵！腐敗分子錯誤地認為，錢可以買「權」買「色」，甚至錢可以買到他們想要的一切。

在商品經濟社會，不管是為官還是為民，我們都要學會正確對待金錢。我們要懂得：

金錢可以買豪華的樓房，但買不到幸福的家庭；

金錢可以買昂貴的鐘錶，但買不回已逝的光陰；

金錢可以換回舒適的醫療服務，但買不到身心健康；

金錢可以買回書籍，但買不到勝人一籌的智慧；

金錢可以買到權利，但買不到尊敬；

金錢可以買到滾燙的鮮血，但買不回生命；

……

最後，請牢記托爾斯泰的名言：「金錢可以是許多東西的外殼，卻不是裡面的果實。」在商品經濟的大潮中，我們要學會做金錢的主人，不要做金錢的奴隸，不要讓金錢迷住我們的心靈。

看淡了貧富，人生才會幸福

從前有一個人很貧窮，但他非常勤勞，靠著為別人做苦工，得到一點點的報酬，勉強維持生活。他想要添購一件新衣，要拚命地省食儉用，努力工作幾年後才能勉強買了一件粗布衣服。

有一天，一個遠親對他說：「你為什麼穿這麼粗糙的衣服？」

他說：「粗衣有什麼不好，只要心裡滿足，粗衣與綾羅綢緞有什麼分別呢？」

「你不想穿更好的衣服，過更好的生活嗎？」遠親說。

「想，有什麼用呢？命運如此有什麼辦法？」他言語間有些感慨。

「不，你是貴族的後裔，只要你肯求神，神會賜給你幸福的。」遠親幫他出了主意。

「怎樣求？」他像抓到了改變命運的機會。

「把你那件粗衣焚燒掉，虔誠地祈禱求神賜給你一件又新又好的衣服，更賜你幸福，神會讓你如願以償的。」遠親說出了他的方法。

這位窮人本來雖生活窮苦一點，也過得心安理得，自聽那位遠親一番話，便開始做起幸福的美夢，於是他請這位遠親主持求神的儀式，把那件粗衣焚燒了，也至誠地祈禱，可是無論怎樣求，新衣也沒有出現，這時他後悔地說：「我為什麼這樣愚蠢呢？把自己的衣服燒掉，而去求渺不可知的神賜予我幸福和新衣。」

財富雖能使人幸福快樂，同樣也能使人墮落與痛苦。個中關鍵看你對待財富的態度。你利慾薰心只能像貧人燒衣一樣，最後一無所有；你吝嗇到手的財富，像鐵公雞一樣一毛不拔，也難得善終。正確的做法無疑是「千金散盡還複來」，看淡了財富，才能幸福。

當然，看淡財富，並不是要你當苦行僧，必要的一些資源還是需要的。即便是在深山修行，也要找到一塊適合修行之地，最好水源充沛、山果豐美，只有生存得到了保障，才能安心自修。

禪宗有一句話，「開門七件事，柴米油鹽醬醋茶」，意即日常生活要有起碼的條件。只有這些最基本的要求得到了滿足，才有可能進一步完成生命更高層次的目標。但是，世人在滿足了溫飽的同時，往往會產生口腹之欲，這樣就產生了貧富貴賤之感。

事實上，貧富貴賤並沒有根本的標準，你內心感覺自己富有，那麼，即便是身無分文之人同樣也是富足的。孔子的弟子顏回「一簞食，一瓢飲，在陋巷。人不堪其憂，回也不改其樂」，這正是安貧樂道的典範。一個人擁有再多的財富，如果他精神上是貧窮的，那麼他遠比物質上貧窮，精神上富有的人可憐。因此說，人的富足與否並不是看其金錢數字上擁有多少，而是看一個人知足不知足。

真正的貧窮並不是擁有財富的稀少，而是內心欲望的無窮無盡。世人並不知道，其實，任何人出生到世間，這宇宙間的財富，都有他的一份。但是要取得財富，必先把手掌打開，能放下手裡所擁有的，才可能獲得新的財富。

既然貧富是我們內心的一種感受，那麼，面對或富有或貧窮的他人，我們應該以什麼樣的態度來對待？

（一）他人富有，我不嫉妒

登月第一人阿姆斯壯從月球回到地球後，可以說是名利雙收，和他共同執行這項任務的艾德林卻鮮少被人提起，知道他的人為數不多。有一次，一位記者採訪艾德林時問了這樣一個問題：「阿姆斯壯先出太空艙，成為登上月球的第一人，你會遺憾嗎？」艾德林停頓了片刻之後，幽默地說：「可你別忘了，回到地球時，是我先出的太空艙，我是由別的星球來到地球的第一人。」多麼富有智慧的回答，展現了艾德林的寬闊胸懷。

（二）他人貧窮，我不欺負

世間萬事緣起緣滅，變化無常，雖然一時無財無勢，一無所有，但來日也許有飛黃騰達之時，因此，豈可輕視他人？不可欺負貧賤之人，這是做人之道，也為自己留一點轉圜的餘地。

貧有貧的因緣，富也要有富的條件，人生在世，不必因一時的富有而志得意滿，忘卻努力；也不要為一時的困頓而灰心喪志，失去力量。

用一顆智慧心面對財富

有一個富人，擁有很多金磚。他用這些金磚鋪成地板，每天踩在上面，雖然從沒用過，但是他看一看就非常歡喜。

有一天，這些金磚被人偷走了，他傷心得死去活來。

佛陀問他：「這些鋪地的金磚，你用過它嗎？」

「沒有！」富人說。

「你既然沒有用過，又何必傷心？你丟的，不過是鋪地的磚啊。沒有使用的金錢，不屬於自己。」佛陀如是說。

外在的財富並不真正屬於我們，它非常容易失去，被偷竊、掠奪及損毀，更有甚者，外在的財富帶有潛在的傷害性，與我們為敵，為我們帶來災難。內在的財富不會對人造成傷害，不會讓人哭泣，也不會讓人笑出來，因為哭與笑不能和解脫的智慧相比。

《增壹阿含經》云：「一切眾生皆依食住，有食則存，無食則亡。」人活在世上是離不開財富的。財富並非是毒蛇，是造富還是造禍，財富無法自主，其決定權在於擁有財富的人。

佛陀曾指出：貧窮是一切不義與罪行之源。諸如偷盜、妄語、暴行、憎恚、殘酷等，莫不由此而生。

佛陀從沒有讓人拋棄舒適的物質生活，他說，即便僧人要在僻靜的地方修習禪定，要想修習成功，也離不開最基本的物質條件。

佛陀說，擁有良好的經濟基礎，是走向解脫的必要條件。但是擁有舒適的物質生活，並不是人生的目的。

佛陀鼓勵信眾藉由正當的途徑獲得財富，並提醒信眾不要貪財，因為金砂雖貴，在眼成翳。如果一個人只盯著金錢，就好像黃金的顆粒在眼裡一樣，雖然它貴重，但是它會把眼睛磨痛，甚至會導致種種眼病，乃至失明。

禪者在獲得財富的過程中，應處處充滿「歡喜心」，獲取財富要以給人歡喜為原則，盡量做到大家都歡喜，不結惡緣。例如：發財，我很歡喜，可是不能為了發財，就去偷、去騙、去搶；這是別人不歡喜的！如果將自己的歡喜建築在別人的痛苦上，勢必遭受痛苦的果報。

自利與利他是一體兩面的，利人才能利己，害人必然害己，只有種下善的業因，才能收穫財富的善果。水能覆舟，亦能載舟。用禪學的話來說，就是「錢多不辦道，無錢不辦道」。錢多了影響修行，但沒錢也難以救度眾生。在禪學看來，財富的本身並沒有好壞的性質，關鍵在於你有沒有用一顆智慧的心來面對。當你成為財富的奴隸時，就沒有幸福可言；當你成為財富的主人時，財富就可以增加人生的快樂。

第五節　獻給職場人士的幾個建議

在這個物欲橫流的職場裡，充滿著陰謀與陷阱，如果有人對你好，就代表有人要害你，如果有人巴結你，就代表有人想利用你！正所謂人在職場，身不由己！

是非之言止於智者

佛陀成道後，帶著一群弟子游化在恆河兩岸，到處弘法利生。有一次，佛陀和弟子們到了王舍城，佛陀將僧伽安頓在精舍裡，白天他們仍過著和往常一樣的生活，大清早就必須出外托缽。可是，比丘們托缽時，看到城裡的人都在交頭接耳、議論紛紛。到底在議論什麼呢？

原來是怕佛陀和僧眾進城，因而有這樣的傳言——佛陀所到的地方，許多很優秀、頗有成就的青年或中年人都會被佛陀引度出家。所以，有兒子的父母很害怕兒子會出家；婦女也很惶恐，害怕她們的丈夫會被引度、一去不回，這傳言帶給當地人一陣騷動不安。

因此，比丘們若要向年輕的婦女托缽，那些婦女就會趕快把門關上；有兒子的父母看到比丘來了，也趕緊關門避開，像這樣的情形，在城裡很普遍，一戶傳一戶，真是人心惶惶。有一天早晨，比丘們要出門前就向佛陀說了這件事，回報他們在城內所遇到的情況。佛陀跟弟子們說：「這些是非不會太久的，頂多七天就會過去了；只要我們行正、言正，言行合一，這種是非很快就會過去，不會超過七天。」比丘們聽到佛陀這麼說就很安心地繼續去托缽。

經過了七天，大家看到佛陀莊嚴的相貌，又聽到佛陀所說的真理——佛陀宣講四眾弟子的法門；有出家弟子的規則，也有在家弟子應該守持的規則，大家聽了以後才知道信佛不一定要出家。在家修行不必守出家的規矩，因為在家居士有在家的規則，可以過「佛教家庭」的生活，也有適合在家的修持法門，所以大家就心安了。是非不但就此消除，而且人們對佛陀更加敬仰，對僧伽的供養也恢復了，在王舍城大家都很敬重三寶，並且確實奉行三寶的教法。

由這段經歷可知，一般人都難免會有猜測的心理，很容易聽信流言，這就是「是非」易行的原因。而佛陀只抱著行正、言正、心正的態度應對，他不動聲色，隨順機緣教化，「是非」自然消除，也正是「是非止於智者」的證明。

現代社會，人與人之間充滿了猜疑，互相明爭暗鬥；而學佛必定要學習佛陀的精神，抱持心正、言正、行正的態度，不必多管是非，同時也應學習當聽到、看到、感覺到是非時就「到此為止」，讓它消除掉。唯有如此，生活才會快樂自在，而不會被捲入是非的漩渦中。

布袋和尚曾經說過：「有人罵老拙，老拙只說好；有人打老拙，老拙自睡倒；有人唾老拙，由它自乾了；你也省力氣，我也少煩惱。」從這幾句話我們可以看得出來，布袋和尚對於別人的譭謗打罵處理得多麼灑脫自在。

人們行走世間，一定會忍受很多的譏嘲譭謗。遇到這類情形，一個人如何給予自己力量？那就是從是非之言中學習灑脫。

身為普通人，我們應該如何對待是非之言？

（一）做到不譏諷

冷嘲熱諷，不僅不能證明自己的聰明，反而暴露了自己是一個氣度狹窄，自大又無能的人。貶低別人不等於抬高自己，真正受人尊敬的人，懂得認識每一個人的價值，不會輕易毀壞他人的名譽，而這種自重重人的態度，更是對自己有信心的表現。

（二）做到不毀謗

不要毀謗他人，不要損人利己，因為這只會遭人唾棄。所有的人都會向你尋求報復，說你的壞話，並且由於你孤立無援而他們人多勢眾，你會很容易被打敗。不要對別人幸災樂禍，也不要多嘴多舌。一個搬弄是非的人會被人們深惡痛絕。他或許可以混跡在高尚的人群中，但他們只會把他當作一個笑料，而不是作為榜樣。說人壞話的人會聽到別人說他的更不堪入耳的話。

（三）做到不聽信謠言

不要理會外傳的謠言。一個人如果經常注意外傳的謠言，就沒有心情去做其他事情。

要知道，「謠言止於智者」，一個有智慧的人絕不會亂傳謠言，當然更不會輕易聽信謠言。

(四) 做到不傳播謠言

當今社會，謠言、緋聞已不是娛樂圈的「專利」。其實只要有人聚集的地方，就一定有是非。對於是非謠言，我們永遠都無法阻止它的傳播，舉輕若重和舉重若輕完全取決於個人的心態。是非止於智者。「來說是非者，必是是非人；不是是非人，不談是非話。」其實任何是非謠言都經不起推敲的。對那些子虛烏有，惡意中傷的汙言穢語，智者的表現應該是：不要說，不要傳，並以婉轉的方式制止是非謠言的傳播。

天下大事必作於細

有三個人去一家公司應聘銷售主管。他們當中一人畢業於某知名管理學院，一名畢業於某商院，而第三名則是一家私立大學的畢業生。在很多人看來，這場應聘的結果是很容易預料到的。然而事情恰巧相反。應聘者經過一番測試後，留下的卻是那個私立大學的畢業生。

在整個應聘過程中，他們經過一番測試後，在專業知識與經驗上各有千秋，難分伯仲，隨後招聘公司總經理親自面試，他提出了這樣一道問題，題目為：

假定公司派你到某工廠採購九百九十九本筆記本，每本大約二十元。你需要從公司帶去多少錢？

幾分鐘後，應試者都交了答卷。管理學院畢業的應聘者答案是兩萬一千五百元。

總經理問：「你是怎麼計算呢？」

「就當採購一千本筆記本計算，可能是要兩萬元，其他雜費就算一千五百元吧！」答者應對如流。但總經理未置可否。

第二名應聘者的答案是兩萬零七百五十元。

他對自己的答案解釋道：「假設一千本筆記本。大概需要兩萬元左右，另外可能需用七百元。」總經理對此答案同樣沒表示態度。

接著，他拿起第三個人的答卷，見上面寫的答案是兩萬零五百三十元，感覺有些驚異，立即問：「你能解釋一下你的答案嗎？」

「當然可以，」該同學自信地回答道，「筆記本每本二十元，九百九十九本是一萬九千九百八十元。從公司到某工廠，搭計程車去時車費一百五十元。從工廠回來要租大車載貨，費用要四百元。因此，最後總費用為兩萬零五百三十元。」

總經理不覺露出了會心一笑，收起他們的試卷，說：「好吧，今天到此為止，明天你們等通知。」

很顯然，那名出自私立大學的同學因為關注這些容易被人所忽略的細節而獲得了這一職位。

老子曾說：「天下難事，必作於易；天下大事，必作於細。」他精闢地指出了想成就一番事業，必須從簡單的事情做起。對細節重要性的認識，古已有之，放諸四海皆準。

把每一件簡單的事做好就是不簡單；把每一件平凡的事做好就是不平凡。近些年不少公司的大起大落在於，雖其規章制度不可謂不細、不嚴、不實，但往往是落實不到行動上。真所謂成也細節，敗也細節。這就是細節的魅力。

想做大事的人很多，但願意把小事做細的人很少；我們不缺少雄韜偉略的戰略家，缺少的是精益求精的執行者；不缺少各類管理規章制度，缺少的是對規章制度不折不扣的執行。我們必須改變心浮氣躁、淺嘗輒止的毛病，提倡注重細節，把小事做細。

有句名言：「細微之處見精神」。細節，微小而細緻，在市場競爭中它從來不會叱吒風雲，也不像瘋狂促銷策略，立竿見影使銷量飆升；但細節的競爭，卻如春風化雨潤物無聲。今天，大刀闊斧的競爭往往並不能做大市場，而細節上的競爭卻將永無止境。一點一滴的關愛、一絲一毫的服務，都將鑄就用戶對品牌的信任。這就是細節的美，細節的魅力。

人才的競爭和企業的競爭一樣，誰關注了細節，誰就能笑到最後。做大事不拘小節，固然是一種做事態度，但這往往也是一種很危險的做法，不拘小節有時會誤大事的例子不勝枚舉。無論是在工作還是生活中，做事認真仔細，才能把事做得盡善盡美。

在平凡而瑣碎的生活中，往往涉及到很多細節。有時候，正是對細節的一個簡單的關注，就有可能改變一個人一生的命運。人生中沒有許多大事發生，其實，正是那些小的細節，影響著我們的人生。

現實生活中，許多人的思考都存在著這樣一個誤區：成大事者不拘小節。然而，很多時候並不是這樣的。試想，如果一個人連小事都做不好，還能做什麼？不積跬步，無以致千里；不積小流，無以成江海。世界上的哪一件大事不是由小事累積起來的呢？

俗話說：「一滴水可以折射太陽的光輝。」有時候，一些非常小的細節，比如待人接物，舉手投足，言談舉止等，都能給人深刻的印象。一個人若平時不注意細節，就會因小失大，最終與成功失之交臂。細節，微小而細緻，但它的影響卻是人所共知的。生活中，那些把細節做好的人才能成就大事。

第三章　幸福生活——我的地盤我做主

人生幸福與否，除了透過工作創造幸福條件外，處理好自己的個人情感，提升個人修養都是關鍵要素。一個人只有處理好自己的情感，才能處理好與他人的關係，只有提升自己的個人修養，才能提升生活的品味。幸福生活，需要你自己掌控。

第一節　我的青春我做主

人生如同一場自編自演的戲，每個人都是自己命運的主角，人們爭先恐後地演繹著各自的故事，為世界的美麗奉獻自己的精彩。然而，自己選擇什麼角色，在這個角色身上能否放射出耀眼之光，不是看別人有多麼能耐，而要看自己如何把握，能夠展現到什麼程度。

了解穿越情感的誤區，安放初開的情竇

梅小姐是某行政單位公務員，年輕、漂亮有氣質，是部門裡公認的美人。因為工作的緣故，梅小姐和她的同事峰先生接觸較多，漸漸地彼此對對方都有了好感。從峰先生的嘴裡，梅小姐也知道峰先生有了家庭。但這並不影響她對峰先生的好感，峰先生也抑制不住對梅小姐的感情，終於，兩人之間展開了一段戀情。

半年後，梅小姐和峰先生之間的關係被峰先生的太太知道了。峰先生的太太好幾次上門找到梅小姐，希望梅小姐能和自己的丈夫斷絕往來，但是梅小姐又不能沒有峰先生。為此，梅小姐也要求峰先生和他的妻子離婚，再和自己結婚。但是，此時的峰先生又不可能拋下家庭選擇梅小姐。梅小姐陷入迷惘，自己的感情到底應該安放在何處？

其實，感情到底應該安放在何處的並非僅僅是梅小姐，峰先生也同樣如此，甚至連峰先生的妻子也同樣面臨這樣的問題。面對一個感情出軌的丈夫，身為妻子她還有必要堅持呵護這份變質的感情嗎？身為梅小姐，圍城外的青春女孩，就有必要第三者插足，橫刀奪愛嗎？而峰先生卻傷害了兩個女人，連帶傷害了自己的孩子。

儘管說，感情的發生是無法掌控，是無可奈何的事，但是，感情一旦造成了傷害，總歸是一件遺憾的事。

感情是人生活的重心，感情給予人生命的意義。而感情有淨化的也有汙染的，有正派的也有邪惡的，有奉獻的也有占有的，有大公的也有自私的，不論處事接物、人際往來，處處都有情。因此，佛教裡稱人為「有情眾生」。

錢財只有放在銀行裡才相對安全，那麼，我們的感情又該何處安放？換句話說，我們應該如何對待自己的感情？

（一）要用理智來主導感情

有位法國哲學家說：「用感情生活的人，人生多是悲劇；而用思考生活的人，人生多數是喜劇。」瞬間爆發的激情容易讓人喪失心智，激情過後，剩下的無不是悔恨的淚。感情不能濫用，濫用的感情不長久。因此，當你發現感情出現問題時，要及時自我反省，用理智來主導感情。因為，唯有在理智掌控下的感情，才不會出現差錯。

（二）用正派的行為來導正感情

一個人的行為正派，便能保證自己的情感不會出現偏差。情感得當，就可以成就美事。一個舉止正派，行為光明磊落的人，其情感也是善良的，能指引人不斷上進；反之，卑劣行徑下的感情往往是自私的、邪惡的，這樣的情感很容易招致禍害。因此，為人一定要正派，這樣，即便你身處泥潭之中，也能保證自己的清廉。

（三）用慈悲來昇華感情

感情有深有淺、有寬有窄。狹隘的感情只針對某個特定的人，某件特定的事，這是一種自私自利的感情。而慈悲要求我們大愛天下，如同雨露滋潤大地，如同陽光普照萬物。因此，自私自利的感情要透過慈悲來昇華，狹隘的感情要透過慈悲來擴展，膚淺的感情要透過慈悲來深化。透過慈悲來昇華我們的感情，將對個人的感情拓展成團體的感情，從對團體的感情拓展成對社會大眾的感情，從對社會大眾的愛擴大成對全人類的愛。從小愛昇華成大愛，這就是一種慈悲。

（四）用無私的奉獻精神來呵護感情

為什麼有很多戀情在熱戀當中戛然而止，那是因為自私所致。或者是戀愛當中有人一心想占有對方，又或者一方對另一方所作所為很不滿意，這樣兩人之間容易發生矛盾，引發衝突，甚至可能會因為某些原因而引發血案，令人唏噓感慨。若能出於無私、奉獻，而不是占有，也非欺騙，彼此心裡想的都是為對方好，遇事不計較，不比較，相互信任，這樣維繫的感情才能長久，才顯得高貴。

人生是痛苦還是幸福，並不取決於別人，而是取決於自己，掌握在自己手裡。我們用大愛來看待這個世界，那麼這個世界到處都會充滿愛；相反，我們如果以憤懣的眼光來看世界，那麼這個世界就是個怒火焚燒的地獄。是地獄還是天堂，取決於我們自己。

愛情也有紅綠燈

姚先生是一個非常有才華的男人，老家在北部，在臨近畢業正準備施展自己抱負的時候，他突然發現，自己愛上了來自南部的小惠。在選擇事業還是愛情的時候，姚先生選擇了愛情。他認為，縱使天下都是自己的，和愛情相比，又能算得了什麼呢？

畢業後，姚先生跟隨小惠去了南部，在那個陌生而窄小的城市裡，姚先生沒有了施展才華的空間，最後徹底成為了家庭主夫。

一段時間後，面對任勞任怨的姚先生，小惠沒好氣地抱怨：「你還是我以前認識的那個聰明、幽默、浪漫的男人嗎？我對你太失望了。」

姚先生猶如受到雷擊。一段時間後，他最終離開了那個地方，回到了他夢想施展拳腳的城市，最後，在這個自己可以施展才華的地方，遇到了可以相伴終生的伴侶，最終事業、愛情雙豐收。

有人說戀愛中的女人智商為零，熱戀中的男人何嘗不是如此。姚因為愛過了頭，所以迷失了自己，亂了分寸，進而迷失了方向，最後，美麗的愛情成了浪漫的往事，一對戀人到頭來還是勞燕分飛。可見，我們要理智應對感情。

不可否認，愛情是維繫社會的一股強大的力量。人由愛而生，因而，人自然離不開愛。愛情對於人來說，如同水之於魚，天空之於鳥，不可缺乏。

但是，愛有理智的愛，也有荒唐的愛。理智的愛就如同十字路口的綠燈，在它的導航下，你能找到幸福的島嶼；而荒唐的愛情莫過於紅燈，如果你還執意前行，等待你的必然是後悔終生的惡夢。

理智的愛情合乎人倫道德，合乎社會公論。理智的愛情裡，愛的對象是自由的，戀人之間的關係是合法的，兩人之間的來往是受大眾認可、尊重的，正因為此，所以佛也不抵制世俗的愛情，甚至在《教授尸迦羅越經》及《佛說玉耶女經》裡教大家如何去愛和被愛。

反之，荒唐的愛情是不合乎人倫道德，不合乎社會眼光的。荒唐的愛情，總是不被社會大眾所認同的。例如一廂情願的愛，愛情未果時通常會發生悲劇，這類愛情從一開始便注定下場是淒涼的。

希望天下有情人都能用理智的愛去構造自己的完美人生，而不要用荒唐的愛去試探生命的激流，否則，必然沉淪苦海。

第二節　圍城裡的那些事

人生是圍城，婚姻是圍城，衝進去了，就被生存的種種煩擾包圍。圍城裡的人在不斷的追求和成功後隨之而來的不滿足和厭煩之間不斷轉換，其間交織著的希望與失望，歡樂與痛苦，執著與動搖——這一切構成了人生萬事。

導致勞燕分飛的N個原因

AC米蘭主帥安切洛蒂的妻子露易莎年輕時候曾經擔任過女足的守門員，後來投身了網球事業，世界排名甚至擠進過前一百位，在義大利也算是一個名人。自從和安切洛蒂結婚後，她就做了全職太太，兩個人相伴走了二十年，一度被認為是模範夫妻的典型代表。不過，自從露易莎投身商界後，就越發變得強勢。二〇〇八年，兩人的婚姻亮起了紅燈，原因是露易莎出軌。

由此可見，並非所有的戀情都能喜結良緣，並非所有的婚姻都能白頭偕老，半路夫妻者大有人在。婚姻裡的人分道揚鑣有許多原因，對有些人而言，在這個關係中存在許多基本問題；而對另一些人來說，則存在一些特殊困擾，比如性問題，家庭虐待，情感轉移，或過度投入工作而忽視了家庭。總之，導致勞燕分飛的原因各不相同，大體有以下幾個主要因素。

（一）感情出軌

感情出軌可以說是婚姻的頭號殺手，也是離婚原因中最常出現的一種。現代社會，因為男女雙方通常都是職場中人，因此和同事相處的時間甚至比配偶還多，有些人就是在不知不覺中，讓婚姻以外的情感滋生，最後變得一發不可收拾！

（二）家庭財務問題

男女雙方在用錢觀念上的不同，會導致夫妻關係產生裂痕。比如因投資理財看法的不同，家庭錢財分配看法上的差異，都會引發夫妻之間的爭執，這樣自然會沖淡夫妻之間的感情。長此以往，兩人很難繼續生活下去。

（三）配偶有不良嗜好

比如配偶有酗酒、吸毒、賭博等不良嗜好，這些行為在金錢、時間及身心方面都投注了成本，因而影響家庭生活，在屢次戒不掉的情況下，很可能最終將會以離婚收場。

（四）個性不合

個性是指一個人對人對事物的看法，做人處世的態度。如果兩人的個性真的差異很大，再加上婚後彼此無法遷就對方，那麼兩人很可能就會走上離婚的道路。

（五）溝通不善

溝通是讓人表達彼此的看法、感受，及傳遞訊息的，但有許多人不知道如何表達，或者以為已經溝通了；但是雙方的誤解和不愉快的感受並沒有減少，認為對方根本並不了解自己，沒有溝通的誠意，待日子久了，就變成了頑疾，最後要了婚姻的命。

（六）婆媳及姻親之間的矛盾

有些夫妻離婚是因為婆媳、親戚關係處理不好，導致夫妻間也跟著緊張，常常為此爭吵，丈夫夾在中間更是左右為難。有些妻子因而想離婚，索性將家庭讓給婆家，不想再糾纏下去，這個問題在臺灣是普遍存在的。

（七）女性獨立能力的提升

現如今女性的社會地位得到提高，包括在家中不再是只做家庭主婦，有些女性身兼職業婦女和主婦的角色，工作職場上也有愈來愈多的女性領導者。社會地位的提升讓女人遇事不再只是忍氣吞聲，不再忍受品質不良的婚姻，而想走出家庭尋找自己的舞臺。

（八）道德及宗教力量的減弱

以往道德及宗教的力量有約束人行為規範的作用，人們會認為那些害人害己的事情不能作。但是在個人主義興盛的時代，常考慮的是自己喜歡的，自己要什麼。因此，婚姻中男女雙方若覺得不快樂，不是自己想要的，就傾向以離婚來解決問題，這也造成了離婚。

以上是導致離婚的諸多要素，當然，致使婚姻走到盡頭的原因五花八門，各式各樣，遠非只有這幾點。在此，專門就導致離異的原因進行總結，目的也在警醒婚姻當中的人，一旦你的家庭出現以上任何原因中的一點，務必要即時化解，否則小心你的婚姻由黃燈轉而亮起紅燈。

讓婚姻長久的祕訣

一對老夫婦過七十周年婚慶，主持人問兩位老人，是什麼讓他們一起走過七十年的歲月，兩位老人不約而同在紙上寫了同一個字，那就是一個「忍」字。

容忍或許就是婚姻長久的祕訣。婚姻中的男女必須付出忍耐，還要學習睜一隻眼閉一隻眼，容忍對方的缺點。婚姻中的男女必須學習傾聽，不能事事追根究柢，要能時時原諒對方的過失。

容忍僅僅是讓婚姻得以長久的一個方面。此外還應該怎樣做，才能有利於婚姻牢固、長久？

（一）始終把婚姻放在第一位

孩子多的夫婦很少有單獨在一起的時間，可是結婚三十年的小蘭和衛先生卻常常記著他們不只是孩子的父母，還是生活中的伴侶。小蘭說：「孩子還是嬰兒的時候，我們也每天晚上坐下來最少交談十分鐘。要是不找時間相聚，很容易養成不需要對方的習慣。」

(二) 有一顆包容對方的心

婚姻需要用包容之心去呵護！兩個真心相愛的人，需要更多的包容。在愛的過程中，在生活的瑣碎中，包容是一種至高無上的境界。

《聖經》中有這樣一段話：「愛是恆久的忍耐，愛是不嫉妒，不自誇，不張狂。不做自慚之事，不謀一己之私。不輕易發怒，不計他人之惡。遠不義，近真理。凡事信任，凡事企盼，凡事忍耐。」

包容，使紛繁的感情經過過濾變得純淨，讓平淡的婚姻日趨堅固。包容更是一種愛的藝術，當你學會包容時，你會感到愛似幸福之泉，在心中流過。

如果你愛他，愛你的家，想和他一起白頭偕老，那麼請記住：愛是包容，愛他就包容他吧，包容他的一切吧！

(三) 相互尊重

《聖經》上說：「要想別人怎樣對你，你就要怎樣去對待別人。」要想使你的婚姻穩固，最重要的一條是學會尊重，只有懂得尊重對方，才能得到對方的尊重。尊重對方的父母兄弟姐妹以及對方的親朋好友，不僅要尊重對方，更要緊的是要愛屋及烏。如果你瞧不起對方的家人，甚至將對方家人推到自己的對立面，這種作法非常愚蠢，這樣做會使自己陷入孤立無援的境地，對你婚姻的穩固將是致命的。

（四）相互欣賞

夫妻之道，千言萬語，似乎可歸納兩個原則，一是「努力使自己被對方欣賞」；二是「努力去欣賞對方」。愛情的真正魅力在於彼此相悅。

欣賞是花，愛情是果。對自己所愛的人，不要羞於表達你的愛，不要吝嗇你的稱讚。如果常在適當的場合、用適當的表情，告訴對方「我愛你」，三個字足以抵過所有事物。欣賞則是對對方的一種承認、肯定和鼓勵，必然會使人產生一種滿足感，所謂的了解最大的意義就是肯定、承認、讚美和欣賞，欣賞是雙方共同的心理需要，也是維繫好夫妻關係的祕訣之一。

（五）儲存感情

每個人心靈深處都會有一個情感銀行帳戶。如果你經常在感情帳戶中儲存真愛和默契，戶頭的款項愈多，提取幸福和快樂就越多，還可以提取微笑、溫柔、鼓勵、安慰等利息。即使偶爾因自私或不夠體貼而支出款項，你也不至於因此而透支。如果戶頭款項很少，每次衝突都會造成致命傷痕。而當信任和欣賞的「準備金」陷入負債狀態時，如果我們仍不斷透支的話，感情或婚姻就會被推入破壞的邊緣。人生錯綜複雜，我們都有可能偶爾失控，傷害了配偶。避免情感銀行帳戶透支的最有效辦法是：平常多多存款，多說感激欣賞的話，多做體貼關懷的事。

（六）人格獨立

紀伯倫在〈論婚姻〉中說：「在合一之中，要有間隙。」琴弦雖然在同一的音調中顫動，但每根弦卻都是單獨的，這樣才能演奏出美妙的樂曲。婚姻是一對一的自由，一對一的民主。不要偏執地認為「你是我的」，那樣就會使自己的愛巢變成囚禁對方的監獄，裡面的人十有八九想越獄，只是看他（她）有沒有膽量而已。一首古老的法國歌曲唱道：「愛是自由之子，從不是統治之後。」如果我們期望愛情「增長」，首先必須確認它得到了悉心的培植和堅定不移的呵護。不是改變自己，更不要試圖去改變對方，而應該各自把自己調整到一個適度的空間，既要相守，也要讓彼此獨處。在婚姻的土壤中，讓兩棵個性之樹自由成長，自然可以收穫幸福的果實。

（七）學會給予

大多數人將愛看成是「被愛」，而不「去愛」，只想讓自己如何變得可愛，而不是主動地學會如何去愛對方，怎樣去關心對方的精神需要。真正的愛是傾其全身心的「我給」而不是「我要」，是以自己的生命力去激發對方的生命力。給予比接受更快樂，給予並不是一種被剝奪，因為在給予的行為中表示了自我生命的存在。愛就應該是純粹的東西，不夾雜任何條件和功利。愛是一種分擔而不是迷戀，愛意味著關心、責任、尊重。

天然完美的婚姻或者理想的配偶是不多見的，持久的婚姻也沒有固定的模式。幸福的家庭是由兩個有理智的人，經常有意識地培養感情，在不斷加強夫妻間的親密度中建立起來的。

家庭幸福需要用心經營

阿亮喜歡垂釣，一個週末，他興致勃勃跟家人提議去郊外釣魚，沒想到老婆說：「太陽這麼晒，釣什麼狗屁魚啊？給你二十塊錢去市場買魚來吃，吃到你放屁都臭魚腥！」後來阿亮又提過幾次，每次都遭遇老婆的冷落。後來，生性愛玩的阿亮再也不願跟老婆提此類話題。

沒多久，一個熱情活潑有情趣的女子出現在阿亮身邊，他們開始時常約會，而那位老婆大人卻受到了阿亮的冷落。

試想，假如這位老婆如果在阿亮第一次提議去釣魚的時候說的是：「太好了，釣到大魚我們就紅燒來吃，釣到小魚正好熬魚湯」，那又會是怎樣的結果？

人天生害怕孤獨，愛情也好，婚姻也罷，是兩個人打下的陣地，如果你自己主動放棄防守，那麼就會有他人來占領這塊陣地。

托爾斯泰說過：「幸福的家庭是相似的，不幸的家庭卻各有各的不幸。」其實，「幸福的家庭總是相似的」這句名言的背後藏著這樣一個道理：家庭幸福是有規律的。只要你掌握了其中的規律，營造一個幸福的家並不難。那麼，幸福家庭應當如何「經營」呢？

（一）夫妻恩愛

在一個家庭中，存在不少關係，如夫妻關係、父子關係等等。每一種關係都很重要，但是重中之重是夫妻關係。有人為了子女的將來，不惜夫妻兩地分居，最後導致家庭破裂，此舉實屬愚昧。其實，夫妻關係是任何親情關係都不可取代的。

（二）盡量避免爭吵

俗話說：「牙齒與舌頭也難免會有打架的時候。」這話一點也不假，在平凡的日子裡，夫妻的碰撞確實在所難免，但是，盡可能地減少爭吵卻是我們完全可以做到的。人們在爭吵的過程中，是不可能解決任何問題的，也不可能把任何一個再簡單不過的問題爭論明白，只會越爭論越複雜。也許有人又會說，爭吵中我自己發洩了情緒。是的，你自己可能會獲得發洩的機會，可是，你卻傷害了對方，而對方遲早會對你「投桃報李」的，因為這不是他／她可以用理性去左右的。在我們的心靈中有一個看不見摸不著的魔鬼，它會驅使受傷害者在不自知之中尋個機會加以報復，這就是我們人的特性。結果，這種傷害會循環，越積越深，越深越重。所以，最好不要尋找任何藉口為爭吵辯護，盡量避免爭吵，才是維護你們感情和關係的正途。多一點冷靜，多一點平心靜氣，多一點退讓，你的婚姻就會多一份幸福。

（三）扮演好各自的角色

某個先哲曾說過，「做妻子的要愛自己的丈夫……做丈夫的也要愛妻子……做兒女的要孝敬父母……做父母的也要愛護兒女……」這些話看似老生常談，卻都是維繫家庭關係的重要原則。當然，在這個原則之下，還應該講究一些技巧。更重要的是，大家應有「角色互補」的概念。比如丈夫應該體諒妻子，這裡不存在什麼面子的問題；而妻子也應學會對丈夫放手，這是聰明女人的做法。

（四）用「心」來「經營」家庭

幸福的家庭不是憑空而來的，這需要家庭中所有成員的共同努力。因此，應當安排出彼此溝通的時間，使夫妻間能夠敞開心扉、互訴衷腸、共度美好時光。為達到此目的，有必要考慮制訂一些「家規」，我們姑且將其稱之為家中的「儀式活動」，比如全家人盡可能在一起吃晚餐；家庭成員中如果有人過生日應該盡量到齊；每天有固定的「圓桌」時間，全家人坐在一起吃吃水果，聊聊天。這些由家庭成員共同遵守並參與的「家庭儀式」，可以使家庭氛圍更加濃厚，使人真正體驗到天倫之樂。

（五）培養良好的情緒

培養良好的情緒的目的不是不讓家人發脾氣、鬧情緒，而是要讓每個人學會在何時哭，何時笑，如何哭，如何笑。擁有幸福家庭的人通常活得很輕鬆，可是卻不放肆；誰都可以發洩情緒，卻不能淪為「情緒化」，因為極端的「情緒化」很容易造成人身攻擊。如果家庭中出現了矛盾，大家可以坐下來討論，不妨讓一個人先講三分鐘，然後另一個人再講。若是其中一方情緒正處於激動狀態，應待稍微冷靜後再談，以免在氣頭上彼此惡語相加。

以上幾個原則有利於家庭的穩定與和睦，夫妻雙方都應做出自己的努力，不斷溝通、相互禮讓，這樣才能使「家」更像個家，使更多的人擁有美滿幸福的家庭。

夫妻幸福一生的訣竅

有一對老年夫婦，從結婚以來一直相敬如賓，從未吵過架，小鎮上的人百思不得其解，紛紛上門討教。老者伸出兩個指頭，緩緩道來：「我從結婚到現在，一直遵循兩條法則，第一條，老婆永遠是對的，第二條，如果老婆錯了，請參照第一條。」

老者的話雖簡單，但蘊含了夫妻相處的道理。這個世界之所以有很多夫婦，婚後感情與日俱增，兩情愉悅，恩愛有加，愛情之花常開不敗。究其原委，全在於夫妻感情鞏固、發展得法。具體有哪些要領？

（一）一起回憶熱戀期

熱戀是婚姻的前奏，熱戀中的男女，那種兩情依依、片刻難離的情景，實在是非常美妙的。結婚以後，經常回憶婚前的熱戀情景，就能喚起夫妻的感情共鳴，並在回憶中增加浪漫情感，更加嚮往未來，從而增進夫妻感情。

（二）抽空再度「蜜月」

蜜月，是夫妻倆感情最濃的時期。那時，兩人拋開一切紛擾，完全進入蜜糖一樣的愛情天地，享受「伊甸園」之樂。婚後，如果能利用節假日，每年安排幾個時間不等的「蜜月」，如來個異地旅遊，再造兩人的愛情小天地，重溫昔日的美夢，一定能使夫妻感情越來越濃。

(三) 慶祝有意義的節日

比如結婚紀念日、對方生日等等，這些都是夫妻雙方愛情史上的重要日子。到時候，採取適當形式，予以紀念，使雙方都感到對方對自己懷有很深的愛意，這對於鞏固夫妻感情作用很大。

(四) 學會取悅對方

有些男女，婚前與對方約會時，總要想方設法取悅對方，但結婚以後便不再在意對方對自己的感受。這種做法是會損傷夫妻感情的。所以，婚後，女性要一如既往地溫柔賢淑，對丈夫呵護關心；而男性則應細心體會妻子的內心感受，不但要處處體貼愛護妻子，而且還要學習一些取悅妻子的技藝，比如為她搭配衣服，幫她制訂美容計畫，不時來點幽默之語等等。

（五）偶爾來點小別

俗話說得好：「小別勝新婚。」在過了一段平靜的夫妻生活後，有意識地離開對方一段時間，故意培養雙方對愛人的思念，再歡快地相聚。這時，就能使夫妻倆思念的感情熱浪交織成愉悅的重逢狂歡，把平靜的夫妻感情推向一個新的高峰。

（六）保持性生活新鮮

性生活是聯絡夫妻感情的重要途徑，良好的性生活是鞏固和發展夫妻感情的必要保障。不少夫婦婚後性生活老一套，缺乏創新，並導致感情鈍化。所以，要創造新鮮的性生活方式，透過改變性生活的時間、地點、體位等辦法，使夫妻雙方都從永遠新鮮的性生活中獲得新鮮的感受，並使夫妻的感情之花永保新鮮。

（七）為彼此留些隱私

肚量再大的人，對於愛人的緋聞也會生出醋意來，至於得知對方「紅杏出牆」的豔事，則更難容忍，由此導致家庭危機四伏的事並不少見。所以，將過去個人婚戀史上的隱私，對現在的愛人「坦白交代」並非良策，那樣，非但對增進感情無補，反而會帶來本可避免的感情危機。因此，留些個人隱私，是鞏固和發展夫妻感情的明智選擇。

（八）相助扶持

每個人在走上工作職位後，都有他自己的事業。因此，無論男方還是女方，都不能只顧自己的事業而忽視對方的事業，更不能強求對方犧牲自己鍾愛的事業來服從自己。那樣，只會損傷彼此的感情。夫妻雙方既有追求自己事業的權利，也有承擔家庭義務的責任。正確的做法應該是，想辦法多分擔一些家庭事務，熱情地支持愛人的事業。雙方都能這樣做，就能消弭矛盾，增進感情。

此外，夫妻之間要經常進行情感溝通，彼此相敬如賓、恩恩愛愛、同舟共濟，使家庭成為生活中幸福的港灣。

第三節　幸福生活多姿多采

幸福生活需要多姿多采的調劑，這調劑可以是音樂，可以是遊歷，也可以是有目的或無目的地閒逛，還可以是安安靜靜地閱讀。

藉由音樂放鬆自己

一九五〇年代，美國設在菲律賓的軍隊醫院，醫生為了緩解病人情緒，不斷播放音樂，結果發現死亡率大大降低，病人傷口的癒合速度也加快了。後來，一種全新的療法——音樂療法新鮮出爐。

音樂療法是治療心理疾病的一種有效方法。音樂作用於人的神經系統，可以增強口語表達能力。音樂療法除了能讓我們變得能言善道之外，還能緩解焦躁情緒、減輕心理壓力。

音樂之所以被當作一種深具潛力的治療工具，是由它潛在的特性決定的：

（一）音樂能直接影響一個人的內在感情；
（二）音樂能使一個人得到對「美」的滿足感；
（三）音樂能誘發一個人的活動力；
（四）音樂是多元性的；
（五）音樂是一種非語言的溝通工具；
（六）音樂有一定的構造性與組織性；
（七）音樂活動能使一個人感到自我滿足；
（八）音樂活動能促進一個人的綜合運動機能；
（九）音樂活動能幫助一個人宣洩內在的情緒；

（十）團體音樂活動能促進人際關係。

雖然經過許多學者數十年的努力，針對音樂治療的效果，至今仍沒有一致的定論；不過已有一些源自實驗研究結果的理論性概念被發展出來，其中有部分概念更可被引以為證，證明音樂治療是一種獨特的治療模式，摘要這些發現如下：

（一）音樂可引發生理反應，但很難預料這些反應的方向；
（二）音樂可引發心理（情緒／情感）反應；
（三）音樂或許能引發想像及聯想；
（四）音樂可引發認知反應；
（五）音樂有引發生理及心理「共鳴」的潛力；
（六）每一個人對音樂的生理的、心理的認知與反應都是獨一無二的；
（七）音樂可同時引發心理的、認知的及生理的反應；
（八）每一個人對音樂既有的了解程度及喜好度，與所引發的心理及生理反應具高度相關性；另外，其他的一些個人差異性也會影響對音樂的反應；
（九）音樂的成分與音樂整體一樣，都會對心理及生理產生影響；
（十）音樂對其他治療方法可能有增強或減弱之影響；

（十一）對音樂的心理及生理反應可能是不一致的或相反的；
（十二）除了聆聽之外，某些音樂經驗可能有助於壓力處理；
（十三）音樂的振動特性可能成為壓力處理的有利因素；
（十四）對音樂的生理的、心理的認知的反應可能因音樂訓練而異；
（十五）由於音樂主要使用右腦的功能，或許可用來阻斷左腦活動或促進右腦的運作；
（十六）音樂可藉由作為一種暗示，提供個體生理放鬆的線索，亦可當做注意集中點，因而可從分心狀態或誘發焦慮之思考中再集中注意力；
（十七）音樂可作為放鬆及積極性感情反應的一種誘發刺激；
（十八）音樂或許可作為自律神經系統活動的一種制約刺激物。

其實，音樂療法的功能主要展現在它的舒緩功能。你聽著或舒緩或激昂的韻律，其實，你已經不由自主地參與到音樂的世界中了。當你焦慮煩躁時，舒伯特的〈小夜曲〉會帶你走進靜謐的夜晚，讓急躁情緒自然流淌，最後消失。而如果你萎靡不振，蕭邦的〈革命〉會刺激你的心靈，隨著音符的跳動，讓你感到熱血沸騰，從而重新鼓起面對生活的勇氣。

目前，世界上的音樂療法主要有四種形式：聆聽法，即聽音樂；主動法，就是主動參與到樂器演奏或歌唱中；即興法，讓人們即興演出，觀察他們的心理狀況；作詞法，病人用現成的曲調換上自己的歌詞，治療師從中可以發現病人的心理問題。

我們每個人都可以自己嘗試做做音樂治療，但是，大家要注意兩點。

首先，找準興趣點。相信每個人童年時都有過對音樂的熱愛，童年的經歷就可能成為一個興趣點。藉著童年印象中的一首歌，誘發對音樂的興趣，慢慢地音樂會成為你的一種精神支柱。

其次，並不是所有的人都適合音樂療法。比如，妄想症或分裂症患者，就不應該盲目地實施音樂療法，因為他們的聯想障礙可能會讓你的努力弄巧成拙。

寄情山水，讓心回歸自然

陶淵明，南北朝八百年間最傑出的詩人。陶淵明出身於破落仕宦家庭。八歲喪父，十二歲喪母，在外祖父孟嘉家裡長大。外祖父家裡藏書多，為他提供了閱讀古籍和了解歷史的條件。時代思潮和生活環境的影響，使他接受了儒家和道家兩種不同的思想，培養了「猛志逸四海」和「性本愛丘山」這兩種不同的志趣。

孝武帝太元十八年（西元三九三年），陶淵明懷著「大濟蒼生」的願望，任江州祭酒。當時門閥制度森嚴，他出身庶族，受人輕視，感到不堪吏職，少日自解歸。他辭職回家後，州裡又來召他作主簿，他也辭謝了。安帝隆安四年（西元四〇〇年），他到荊州，投入桓玄門下作屬吏。這時，桓玄正控制著長江中上游，窺伺著篡奪東晉政權的時機，他當然不肯與桓玄同流，做這個野心家的心腹。

前前後後，陶淵明共計過了十三年的仕宦生活，至辭彭澤縣令結束。這十三年，是他為實現「大濟蒼生」的理想抱負而不斷嘗試、不斷失望、終至絕望的十三年。最後，賦〈歸去來兮辭〉，表明與上層統治階級決裂，不與世俗同流合汙的決心。

陶淵明辭官歸里，過著「躬耕自資」的生活，讓心回歸自然。

孔子說：「智者樂水，仁者樂山。」即便你不是仁者，也非智者，但你一樣可以如同范仲淹一樣，「只在乎山水之間也」，像陶淵明一樣，脫離「職」場，回歸自然。

當你實實在在地置身於這山山水水之中時，你恍然感覺從繁雜的社會現實生活中解脫出來，這時你的心靈融入到最清明的世界中，是最寧靜的時刻，心在自然中也感覺到了偉大和力量，讓疲憊的心靈體驗到的是一種深邃的寧靜，一種自然的養分，一種人文的薰陶，一種景觀的美感，獲得的是淡泊清靜的心境。我想，真正深受人文山水洗禮過的人，他的心靈一定是安然和諧的。

找一個時間，遠離鋼筋水泥建築的城市，遠離現代文明和舒適的度假地、飯店和高級餐廳。寄情於山水，或坐下來，或悠閒地散步，全身心地接受你所看、所聞和所聽到的東西，你會意識到你正在開始體驗自己是其中一部分的宇宙的寧靜、智慧和秩序。看看天空，想一想你可能看不到但卻知道它們存在的星星和所有其他星球。像它們一樣，你在這個廣闊的宇宙中有自己的位置。你開始有一種將此處當成家的歸屬感。相信你一定會從中得到無與倫比的樂趣。

此外，寄情山水，除了能怡情，還能增智。主要表現在以下幾點：

（一）加深對地理環境的了解

寄情山水，總要找個去處，於是，我們會了解目的地的地理環境，氣候，生態等。如果在遊山玩水中能對當地有深刻的認識，能融入到內心裡，那麼，隨著我們去的地方愈多，我們的視野愈開闊，我們的心靈愈舒坦。

（二）加深對歷史知識的了解

當我們寄情山水時，除了身心得到舒展，愉悅了心情外，還會獲得相關知識。在我們遊歷山水之時，還可以增加自身的內在涵養，對一些歷史文化進行探索，尋訪文化的價值，看出歷史的意義。如站立在歷史古城前，思考這個建築修建的歷史年代，它歷經什麼樣的朝代……如果能進一步賞析其歷史文化，那我們的生命就跟它連接了。

（三）加深對風景古蹟的感知

不論是選擇生你養你的本地，還是執意去完全陌生的異地，沿途你一定要欣賞風景，聽聽鳥叫蟲鳴，看看青山白雲，這樣可以激發活力，擴大視野，無形中讓我們感染大自然美的氣息。再看看世界的各大奇觀，尋訪名勝古蹟，能引發我輩思古之幽情，讓我們如置身古代，回到過去，體驗當年的榮耀。

至於出遊的人數，你可以選擇如同徐霞客一樣，獨自徒步遊山玩水，你也可以邀上三五個志同道合的旅伴結伴而行。只要身心愉悅，就不在乎形式。

人生短暫，轉瞬即逝，在有限的歲月裡可以借出遊增長見聞，廣結善緣，充實知識，擴大我們的生活舒適圈。

逛街，生活不可缺少的調劑

張耀是個急性子，偏偏他的女朋友喜歡逛街，而且一逛就是好幾個小時，最讓張耀吃不消的是，女朋友只是逛，不買東西，經常是流連在化妝品櫃檯前看看這個，試試那個。

雖然專櫃小姐嘴上沒說什麼，但是那眼神就讓張耀背後直冒冷汗。以後張耀陪女朋友逛街通常只在百貨公司門口等……

逛街，都市裡的每個人都經歷過的事情。其實，不只女性需要逛街，男性也需要逛街。逛街有兩大好處：一是可以採購物品，滿足生活所需，滿足工作所需；二是可以緩解工作上的壓力。

關於購物，相信每個人同樣經歷過，也相信每個人都頗有購物心得，尤其是女性朋友更是實戰經驗豐富，當然，同樣也有一些「菜鳥」，在購物中屢屢上當受騙，不是被虛榮心所蒙蔽，就是被商家所騙，基於此，在此就購物時的注意事項簡單說幾點，希望能對讀者有所裨益。

（一）所買物品要實用

有些朋友買東西過於盲目，有時候很多東西並沒有什麼實用價值，就因為當時一瞬間看上眼了，於是興沖沖買回來。等到家才會發現這類東西都是可有可無的。還有一些朋友，看似很會精打細算，專門趁商場打折、換季出清的時候大量採購。殊不知，這時候的產品要不是品質有問題，要不就是被潮流淘汰的產品，這對於愛追趕潮流的人來說，無異於又收集了一堆將來穿不上的衣服，於是都囤積在家裡，造成資源浪費。

（二）要選擇貨真價實的東西

購物時要注意商品是否是真貨，不要貪小便宜，要到有信用的商店購買，否則萬一買到假貨，那後悔就來不及了。比如有人看到同一款手機，兩個商家的報價相差好幾百，便打算盡可能花更少的錢買到同樣商品，於是，上了騙子商家精心設下的局。

（三）不要盲目崇拜名牌

人都有虛榮心，總是希望穿名牌。其實不必如此，真正有涵養的人著裝都很樸素。一個人的氣質是由內而發的，氣質不好的人，即便穿上金裝也不過是俗人一個。

（四）要買來路正當的商品

不明來歷的商品不要購買，尤其是化妝品。建議愛化妝的朋友去有信譽的專櫃購買適合自己的商品，千萬別貪小便宜，買來路不明的化妝品，否則，損害皮膚，那將得不償失。

（五）當一個受人歡迎的顧客

有的人買東西東挑西揀，在商品裡挑來選去，比來比去，找了半天，挑剔了半天，最後一樣也沒買，長此以往必然會讓自己成為不受歡迎的顧客。雖然店家說「顧客是上帝」，但我們自己要注意講話的口氣和態度，不要頤指氣使，以免傷了和氣。

總之，購物不僅僅是一件日常行為，同樣也是在做人。在購物當中別讓自己上當受騙，也別傷了彼此和氣便是主旨。

關於逛街能緩解工作上的壓力，主要是因為暫時離開了令人頭痛的工作，遠離了瑣碎的家務，為自己的心靈保留了足夠的空間。

（一）逛街能滿足欲望

並非是所有逛街的人都會買東西，有些人逛街純粹只是為了湊熱鬧，看看商場櫥窗裡陳列的各類商品，滿足一下追求物欲的本性。

（二）獵取新奇事物

逛街時的心情總是興奮又好奇的，因為視野裡總能看到各式各樣的新奇事物，比如五光十色的廣告牌，電影院的影片廣告牌等。總之，獵取新奇是很多人逛街的目的。

（三）陪朋友參觀

每個人都會遇到這種情況，當有親朋好友自遠方來時，陪他逛街便成了必做的事，可以邊逛邊聊天，既有所見也有議論，說長道短，不必負責。所以，咖啡廳就容易成為逛街人士聚會的場所。

總之，不論居住在什麼地方的人都有逛街的經驗。逛街，留下生動有趣的生活體驗，成為人生的重要閱歷。逛街，是生活中不可缺少的調劑。

閱讀，用知識陶冶自己

軍事天才諸葛亮善於讀書，他往往能抓住書中的精華、要點，融會貫通，運用到政治、軍事、經濟中，而不是死讀書、硬讀書，這樣的讀書是善讀書、會讀書，值得稱道。

書，是人類文化遺產的結晶，是人類智慧的倉庫。英國學者培根說：「讀書足以怡情，足以博彩，足以長才。怡情也，最見獨處幽居之時；其博彩也，最見於高談闊論之中；其長才也，最見於處世判事之際。」

讀書對人生有什麼妙處？

（一）讀書可以增加知識

培根說：「讀史使人明智，讀詩使人靈秀，數學使人嚴密，哲學使人深刻，倫理學使人莊重，邏輯學、修辭學使人善辯；凡有學者，皆成性格。」讀書，便能讀懂歷史，明瞭世界，於是古人說，「兩耳不聞窗外事，一心只讀聖賢書；秀才不出門，能知天下事」。

(二)讀書能陶冶情操

古人說：「腹有詩書氣自華。」知識真正成為心靈的一部分，可以顯現出內在的涵養。

(三)讀書能調整心情

在忙碌而焦躁的生活裡，在寂寞的夜裡，書籍可以以溫暖和充實豐富我們的心靈。當你遇到煩惱、憂愁和不快之事時，應首先學會自我解脫，去讀一讀或翻一翻你喜歡的書籍和雜誌，分散心思、改變心態、冷靜情緒，減少精神痛苦。

(四)讀書可以交友

書可以成為一個忠實的朋友、一個良好的導師、一個可愛的伴侶和一個溫柔的安慰者。雨果曾經說過：「各種蠢事，在每天閱讀好書的情況下，彷彿烤在火上一樣，漸漸融化。」

心靈是智慧之根，要用知識去澆灌。只有這樣，才能在生活中運籌帷幄，能有指揮若定的揮揮灑灑。如范仲淹「胸中自有十萬甲兵」，如諸葛孔明悠然撫琴退強兵。

讀書有技巧，培根說：「書籍好比食品。有些只需淺嘗，有些可以吞嚥，只有少數需要仔細咀嚼，慢慢品味。所以，有的書只要讀其中一部分，有的書只需知其梗概，而對於少數好書，則應當通讀，細讀，反覆讀。」

培根也強調了讀書的技巧。古今中外但凡一個健全的人，一個有所建樹的人，無不是一個會讀書的人。

會讀書的人，讀了小說也能受益匪淺；不會讀書的人，即使讀了聖賢的大道理，還是不知所云。讀書姑且不論智力差別，就以閱讀方法而言，也有很大的不同。

南宋儒者朱熹說過：「讀書有三到，謂心到、眼到、口到。」我認為，應該再加上「手到」和「耳到」。

（一）心到

讀書要用心，離開了心，所有的閱讀都是空談。有心讀書，不但能讀出興趣，還會加強記憶。讀書尤其要「專心」，對重點要能提綱挈領，對全文要懂得綜合歸納，對各種學說要能分析比較；除此之外，讀書還要有恆心、細心、耐心、慧心、巧心，只要有心，就能讀出心得，就能領會個中的況味。

（二）眼到

看書自然要用眼，眼要看，不論文、史、哲，乃至天文、地理等各種書籍，都要用眼睛去看。通常來說，看小說、雜誌或閒書，瀏覽即可；若是看技術、專業的書，就要仔細地看。有的書看一遍就可以，有的書卻可以一看再看，因此自己要能分辨書的內容，分別用瀏覽、細讀、選讀、精讀、專讀或研讀的方法來對待。

(三) 口到

既然是閱讀，就不能僅僅用眼睛閱，還要張嘴讀，如此才能讀出韻味。尤其是做「學問」，「學」了還要會「問」，邊讀邊思考問題的根源，遠比獲得答案更為重要，所以要有打破砂鍋問到底的精神，只有問了才能明白。真理向來都是越辯越明的。

(四) 手到

閱讀不能只用眼，同時也要用手，要標示重點、佳句，寫些眉批，做些重點筆記。可以用顏色來區分重點的強弱，或是區分關鍵詞與佳句等，這些都有助於將來複習或搜尋資料。

(五) 耳到

讀書也要豎起耳朵，聽老師、學者、專家的評論與解析；甚至不但要多聽別人的看法、論點，也要聽聽自己閱讀的聲音，像讀詩、詞、曲，都要用耳聽，這樣才能聽出其中的韻味。

閱讀不僅只是知識的吸收，最主要的是能開闊心胸，提升人格，所以要把書中的道理運用在生活上，要多去實踐。如此讀書，才是真正的閱讀，才能活學活用。

第四章　自我主宰——做心的主人

人心就好比是一面鏡子，只有時時拂拭塵埃，才能心鏡明亮。人心中總是有著百般忌諱與顧慮，它們就如同塵埃，蒙蔽了我們的心靈之鏡。只有心無罣礙，才能擺脫心靈的束縛。做心的主人，正如《金剛經》中所說：「善自護念。」

第一節　去除煩惱的三大根源

人生的大病，在佛法裡說，就是時時刻刻盤踞在我們心中的貪、嗔、痴。因此，只有去除這心中三大疾病，我們的心靈才能快樂、逍遙。

煩惱三大根源之一：貪欲

傳說中有一位老樵夫在山上砍柴時因為口渴，遍尋山野找水喝，不想竟然意外地在山上發現了一股可以讓人變年輕的泉水，老樵夫只喝了一口就變回了年輕力壯的青年。

變回青年的樵夫非常高興，在水邊看啊看的，心想：自己年輕的樣子又回來了，妻子看到了一定會很高興。如果讓蒼老的妻子也能喝上一口這裡的泉水，便會像他一樣，重新擁有年輕的容貌。於是變年輕的樵夫便奔跑回家，他那依然老邁的妻子看見重回年輕樣子的丈夫，先是驚惶失措，當丈夫把自己變年輕的祕密告訴妻子後，妻子欣喜若狂，盤問清楚後便跑到泉邊去喝水了。

樵夫在家中等候妻子回家，想像著妻子變回少女後那嬌美可人的模樣，歡喜之情溢於言表。可左等右等卻總不見妻子的蹤影，最後等不及，便出去尋找。

樵夫來到泉邊，泉水依然清冽，卻沒有看到年輕貌美的妻子，只見一女嬰躺在妻子的衣服堆裡號啕大哭。原來妻子不想讓別人喝到這個泉水，想把泉水據為己有，於是就拚命地喝，想把泉水喝光。

樵夫的妻子本也只想變成青春的少女，因貪，反成了嗷嗷待哺的嬰兒。世間之事，莫過於此，如果我們能夠換一個角度，心裡不受任何外境的牽制，那麼外境自然也束縛不了我們。有句話叫「物極必反」，凡是做到了極限必會有反效果，可見做得過度實在不是好事。

我們不反對人去追求，但追求要講究一個「限度」，過了則為貪。

當一個人的心受無法節制的欲望所控制時，就會做出他不應該做的事情，而不去理會他應該去做的事情。這樣一來，他的名譽和快樂將受到摧毀。

要醫治貪欲，就要去掉五欲。五欲是指世間的色、聲、香、味、觸五塵境。因能起人貪欲之心，所以叫欲；能讓人蒙昧真理，離淨就染，所以叫塵。一個人，只有去掉五欲，才能不為貪欲所阻礙。

（一）去色欲

色欲是指男女端正美好的形貌，以及金銀琉璃等世間寶物，或使人見了心生喜愛的顏色。一個人若貪著色相，便會使煩惱欲火熾盛燃燒，譬如「火燒金銀，煮沸熱蜜，雖有色味，燒身爛口」，所以應當去除色欲。

（二）去聲欲

聲指樂器聲、男女歌聲、言語聲，或大自然所發殊妙音聲，如幻如化，由耳入心，使人妄生好樂。其實聲相無常，自不必執著。

（三）去香欲

香指男女身香、飲食馨香、一切的草木熏香，乃至世間製造的香水、香粉等等。大凡世人一聞香氣，便自神志昏迷，從此起惑造業，因此香欲的過患對人的影響非常嚴重，不可不防。

（四）去味欲

味指酸、苦、甘、辛、鹹等種種飲食佳餚美味。審觀舉世人群，誰不是為了貪口腹而殘殺生靈，濫捕水陸空行。如此傷天害理的行徑，若不受諸惡報，豈非不倫？

（五）去觸欲

觸指男女的身體柔軟細滑，寒冷時接觸的溫暖，炎熱時接觸的沁涼，以及許多美妙觸感。觸感是產生煩惱的主因，也是繫縛心的根本。因前四欲各有各的界限，色屬眼分、聲屬耳分、香屬鼻分、味屬舌分，此為四根對四塵的攝受各持分際，唯獨觸欲卻是周遍全身，「雖知不淨，貪其細軟，觀無所益，是故難離」，因為難捨難離，就常造作重罪，而墮入了兩種大地獄，一叫寒冰、一叫炎火，這二大地獄都是因身觸受罪，苦毒萬端，所以觸又叫「大黑暗處」。

去除這五欲的方法，應觀色相本體，世間萬物因緣假合，並無一定的真實存在，而人對色相的好惡，全憑心念的移轉構成。如遊子離鄉背井，見中秋月而傷心落淚；當闔家團圓賞月時，都誇讚月光皎潔美麗。同一秋月，因人心境遇不同，所感亦有區別。又如見到所親所愛，就生出愛心；見到所嫌所怨，就生怨害心；見到一般人，就無怨也無喜。這同一人、同一心，卻因事物的變幻，立刻感受不同的心情。

由此可知，這個心是妄想心，境是妄想心所對的妄境，妄心妄境所形成的「妄色」，使修行人惑亂。如今既知妄色和妄心的不實，便須一時俱捨。

捨就是像蠟燭一樣，雖然自己犧牲了，但只要他人得到光明就夠了；真正的捨，又要像朝露一樣，明知自己瞬將滅亡，但還用微弱的力量滋潤萬物生長；真正的捨，更要像太陽的光熱一樣，照拂著大地，沒有條件，不指望萬物給他回報，而覺得這是自己應盡的義務。

做到了這一點，便能去除貪欲。

煩惱三大根源之二：嗔心

有這麼一個人，兒女奴婢無論做什麼事，稍有不如他的意，他就怒火中燒。因為他性情暴躁，家中財產雖多，可是人丁不旺。他自己也知道嗔怒不好，一心想改，就在一塊小木牌上寫上「戒嗔怒」三字，掛在胸前，警誡自己。一天晚上，他聽到家裡的僕人聚在一起議論：「我們的主人嗔心太大，不如隔壁劉先生仁愛慈和，所以時時都想離開他。」

「你們的膽子真大！」說著，他就拿下掛在胸前「戒嗔怒」的木牌，打那個批評他的僕人，「我現在已經很有修養，把嗔心都已改去，你們還要說我不如人！」

這個人嘴上雖然說得好聽，但他還是不願意別人說他的缺陷，不愛聽人說別人比他好，最終嗔恚的心又被引起來了。

什麼叫嗔？嗔又稱作嗔恚、嗔怒、恚、怒，它是我們世人怨恨心的精神作用。當我們遇到了違背自己意願（不順心）之事時就生起憎恚，自己的身心不能平靜下來了，所產生的忿、恨、惱、嫉、害的這種現象就是嗔。嗔心是產生煩惱的根源之一。在《大智度論》

中有：「嗔恚其咎最深，三毒之中，無重此者；九十八使中，此為最堅；諸心病中，第一難治。」

三毒中的嗔是最毒的，可以說是「毒之根」。因為人發嗔心不但會傷害自己，也會傷害到別人，是雙重的罪惡。那麼，身為凡夫俗子，我們該如何應對嗔心？

（一）修忍辱法

《法句經》中有這樣一段話：「於此世界中，從非怨止怨，唯以忍止怨，此古聖常法。」忍是很不容易的，心上一把刀，唯有能忍，才能成為大丈夫。佛對歌利王砍了他的手臂，第一個念頭是，如果我成佛首先度你。

在日常生活中，當有人絆我們一腳，給我們設置陷阱的時候，應該想一想，他還沒有砍我的手臂嘛，砍手臂都要度他，跌一跤算什麼？這樣一想，肚量一下子就擴大了，就包容下去了。

（二）修觀幻法

以觀幻的方法對治我們的嗔心。

當我們遇到違緣之事而心裡剛要不平靜時，我們就問一下自己「是誰在生氣、生氣是我嗎？」經過如此層層觀照，因為心念不再執著煩惱，所以嗔火就不會生起。

（三）修緣起法

修十二因緣觀，也能很好地治我們的嗔心。《長阿含卷》載：「緣痴有行，緣行有識，緣識有名色，緣名色有六入，緣六入有觸，緣觸有受，緣受有愛，緣愛有取，緣取有有，緣有有生，緣生有老、死、憂、悲、苦惱大患所集，是為此大苦因緣。」在此十二支中，前者為後者生起之因，前者若滅，後者亦滅，所以經中以「此有故彼有，此生故彼生；此無故彼無，此滅故彼滅」之語，說明其相依相待之關係。即一切事物皆具有相依性，皆由因、緣所成立。如果我們對外境的一切不受不取，那後面我們的嗔心就不會生起了。

（四）修空見法

當我們在不生氣時看一下我們生氣的原因，就會發現生氣是由很多原因造成的。從種種形成生氣的原因中，找出最主要的問題去對治，下回再遇到類似的問題，就知道該如何處理，不需要再生氣了或再生氣也沒有原來的火氣大了。

上面說的都是對治嗔心的方法，只要你能學以致用，定能去除嗔心。

煩惱三大根源之三：愚痴

有個想要買鞋子的鄭國人，他先在家裡量了自己的腳，把尺碼放在了他的座位上。到了前往集市的時候，卻忘了帶量好的尺碼。他已經拿到鞋子，才發現自己忘了帶尺寸了，於是便說：「我忘記帶尺碼了。」遂回家去拿尺寸。等到他趕回來時，集市已經散了，最終沒有買到鞋。有人問他說：「你為什麼不用自己的腳試一試鞋子的大小呢？」他回答說：「我寧可相信尺碼，也不相信自己的腳！」

這個典故就是眾所周知的「鄭人買履」。相信自己的尺卻不相信自己的腳，這不是愚痴是什麼？世間最可怕的是什麼？貧窮？飢渴？恐怖？絕望？其實，愚痴最可怕。

愚痴就是不明理，不明理的人，顛倒、邪見、惡行，不但影響自己、影響一時，而且影響他人、影響後世。

在現實生活裡，嗜賭的人，以為只會贏不會輸，這也是愚痴；好戰的人，以為會勝，不知會敗，這也是愚痴。

害人，只想到自己的利益，完全沒有想到害人的結果，這是愚痴；頑強的人，只想到自己出氣，卻不顧因此會傷害到處世的和氣，這也是愚痴。不能認清事實真相，遇到問題不能針對癥結所在，提出正確的解決之道，這更是愚痴。

愚痴比一般的犯錯更加嚴重，犯錯如同走路摔倒了，可以再站起來，愚痴如暗夜行走，不見光明。

愚痴是人生的大病，我們在生死的大海之中翻滾，天災人禍，有許多苦惱侵害我們的身心，我們為什麼不能脫離這些痛苦而得安樂？

世間大多數人都過著「今朝有酒今朝醉」的糊塗生活，「誰人肯向死前休？」這是很少有人研究的問題。人生在世，數十寒暑，大家不懂人身難得，不求解脫，這豈不是最大的愚痴嗎？

痴的大病是由迷而起的。迷就是不明白道理。人因為不明白道理，所以起惑造業，由業感苦，因此人在這個世間上就不會安寧自在了。

愚痴需要智慧的光來照破，認識愚痴的可怕，尤感智慧的重要，因此我們應該開發自性的智慧之光，如此才能創造光明的前途。

醫治痴病靠一個「覺」字。人之所以容易患痴病，完全是因為迷而不覺。貪、嗔兩種病之所以影響人生，歸根到底是由於愚痴所致。人生的眾多煩惱，一切都淵源於這個「痴」字。人一痴，邪見便會增長，邪見掌控了心智，便將造罪業。

假如你能覺悟到，能掌控愚痴，不讓愚痴的風掀起駭人的波浪，那麼，你的人生一定會迎來祥和。

「苦海無邊，回頭是岸。」這是佛門弟子時常掛在嘴上的話，其實這話也適合芸芸眾生。一個人在世間如果沒有一顆覺悟的心，很容易迷失方向，這實在是很危險的！

因此，我們要將不明白的道理弄明白，將一些自以為明白而事實上並不怎麼明白的痴心邪念摒棄掉，將一些人生的大病和習氣盡力治癒，這才是真正的覺悟解脫。

第二節　修身與修心並舉

修身和修心，是修行的兩個方面。修身注重人的行為，注重規範人的行為準則；修心則注重人的思想和觀念，注重人的心靈。修心為上，修身次之。只有心靈的淨化，才能做到言行的淨化。而言行又是心靈的反映，沒有言行的淨化，怎麼能夠反映出心靈的淨化？所以要修身與修心並舉。

心靈修持的好處

有一個僧人在某寺繞行，恰巧遇上了有名的老上師。只聽老上師說：「在聖地繞行是很好，但是修至高無上的佛法更重要。」

這位僧人謙恭地聽從老上師的建議，就開始學習、背誦佛教經典。有一天，當他正在認真修學時，老上師看到了，告訴他：「學習經論和持守戒律是很值得的，但修行正法遠勝於此。」

經過慎重的思考，那位僧人覺得精進禪修對他應是最好的，便開始熱誠地修行禪定。無可避免地，老上師看到他專注一意地在一個角落打坐。「修定是好的」，博學多聞的老上師評論道，「但是真實佛法的修行更勝一籌。」

此時，那位僧人全然困惑了，沒有一樣法門他沒試過，但尊貴的上師依然不贊同他的努力。「最尊貴的上師，我應該怎麼做呢？」他懇求道。

「放下對此生的所有執著。」老上師回答，然後靜肅地繼續往前走。

心靈修持也稱為精神修持，現代人越來越重視心靈修持，修持的方法也是五花八門，用佛教的方法來修煉精神，不失為一種很好的修行法。佛教用來修行的方法有很多，主要有以下幾點：

（一）以正信、正見安心

正確的信仰提供人生的終極理想，是人安身立命之根本，乃一切精神力量包括自治其心的精神力量之源泉。

正見指正確的人生觀、世界觀、價值觀，是人生旅途不可或缺的指南針和方向盤，也是進行心理鍛鍊和治療的必要指導。

人生的意義，應是過好物質的、倫理的、精神的生活，報恩盡職，為眾生、社會服務奉獻，如實認識自心、淨化自心，完善人格，獲得現前的安樂。這種正信正見，具有提高精神境界、治療心理疾病的巨大作用。

（二）以發心振作心

發心，為修行的起點，有如汽車上路前的確定目的地和加油。透過觀察因果業報和人身的珍貴，決心合理生活，離惡行善，盡好所有責任，做個合格的人、好人，獲得今生後世的利樂。發心使人具有明確、高尚的人生目標，能賦予人鍛鍊自心的強大力量和積極向上的正氣，脫離卑劣、怯弱的低級心態，避免向下墮落。

（三）持戒以約束心

所謂持戒，是指透過觀察思考，自覺依佛戒，並依戒律之規範來約束自己的身口意三業。佛教各種戒，皆以不殺生、不偷盜、不邪淫、不妄語、不惡口、不貪欲等十善為核心內容，以「諸惡莫做，眾善奉行」為實質意義。

受戒、持戒，從心理健康的角度講，是用認定的合理規範，由約束行為、語言不作諸惡，力行諸善，從最粗顯的層面鍛鍊心的自主能力，使心不被有害於自他的煩惱所牽，流於惡行惡言。持戒能使人避免殺害、貪汙、盜竊、淫亂、縱欲、辱罵、挑撥、酗酒、吸毒、賭博等惡行，淨化社會環境。

（四）以智能觀心

以智能觀心是淨化自心、斷滅煩惱的最根本、最有效的方法。智能，指對佛法特有的一切緣起、諸行無常、諸法無我的真理之體認，以此正見觀照自心，深入分析、體察心念生滅無常，來無所從，去無所至，空無自性，這樣觀察時，本身便有息滅煩惱妄念、截斷意識之流，使心清明寧靜的作用。

（五）以懺悔清洗心

懺悔旨在於清洗惡業、過錯的積垢，放下心理包袱，使心從罪過錯誤的重壓下解脫，得以安然、純淨、輕快。如《觀普賢菩薩行法經》所云：「若人欲懺悔，端坐念實相，眾罪若霜露，慧日能消除。」

（六）以慈悲軟化心

慈悲，是對眾生具有深度的同情心、惻隱之心、仁愛心，將慈悲擴展至無條件、無限量、無分別、無執著，普遍於全宇宙一切眾生，名「大慈大悲」。慈悲，可謂人類心靈範圍中最美麗的花朵，世人多對與自己無關、有嫌隙的人、敵人不慈悲，但沒有人不喜歡別人對他慈悲。慈悲給人溫暖、友愛，常懷慈悲，人皆友愛，社會生存環境自然會優化。

（七）以喜樂滋養心

喜悅、歡樂、愉快，是最佳的心靈保健品。常懷喜樂，給人喜樂，能使自我身心健康，延年益壽，人際關係和諧融洽。佛寺中那大肚能容、笑口常開的彌勒佛（布袋和尚）形象，最精華地表達了佛教常懷喜樂、予人喜樂的精神。歡喜心是對治嫉妒的特效藥。

（八）以「捨」寬心

「捨」是指捨棄、放下、放鬆。佛教所指的捨，主要是指捨棄心中盤踞、黏著的貪占、憤怒、嫉恨等煩惱及憂愁、焦慮、散亂等不良情緒。捨能令激動的心平靜，緊張的心放鬆，堵塞的心開通，是一種調節自心的重要方法。

透過多種修習，對心靈從理想、情操、智能、意志、感情、自制力、專注力、忍耐力、情緒等多方面進行鍛鍊，使人的心理能力全面、高度進化，心理結構從多煩惱、不自主、低層次的凡夫型逐漸提升到智能、慈悲、安詳、精進的完美聖智型，乃至由人而佛，可謂「心靈自我進化」或真正的「超自我實現」。

一個人若不修行，則永遠不能出頭。因此，在紛紛擾擾的塵世，我們理應注重心靈的修持。

心動煩惱生，心靜煩惱止

禪宗二祖慧可為了表明自己佛的誠心，揮刀斷臂拜達摩祖師。有一次，他對達摩祖師說：「請老師為我安心。」

達摩當即說：「把心拿來。」慧可不得不說：「弟子無法找到。」

達摩開導他說：「如果能找到了，那就不是你的心了，我已經幫你安好心了，你看到了嗎？」慧可大悟。

幾十年後，僧璨前去拜謁二祖惠可。他對二祖說：「請求師傅為弟子懺悔罪過。」二祖慧可想起了當初達摩祖師啟發自己的情景，微笑著對僧璨說：「把罪過拿來！」僧璨說道，我找不到罪過。慧可便點化他說：「現在我已經為你懺悔了，你看到了嗎？」僧璨恍然大悟。

又過了許多年，一個小和尚向三祖僧璨求教：「如何才能解除束縛？僧璨當即反問：

「誰在束縛你呢？」小和尚脫口而出：「沒有誰來束縛我呀！」僧璨微微一笑，說道：「那你何必再求解脫呢？」小和尚豁然領悟。他就是後來禪宗第四祖——道信。

其實很多煩惱都是自己找的，煩惱皆由心而生！為什麼煩惱皆由心生？因為人都不懂得滿足，總喜歡攀比，總喜歡拿別人、拿別的事物來做比較，當自己沒別人好時，煩惱就來了！可又有誰懂得去與比自己悲、慘、憐的人做比較呢？如穿普通鞋的人煩惱自己沒有名牌鞋可穿，他們很少能看到有些人甚至鞋都沒得穿，有的甚至連腳都沒有！這就是不滿足帶來的煩惱，是自己心生的煩惱。而消除煩惱的最好辦法就是靜心。

心一動，世間萬物便也跟著風生水起，紛紛擾擾；心一靜，起起伏伏的人生瞬間就會歸於平靜，塵埃落定。

人的心經常依賴別人，自己不能做主，又因為經常受到外界的牽引，自己也無法把持，所以產生了諸多煩惱。如何避免諸多煩惱，唯有以靜心應對。

（一）對五欲不拒不貪

五欲是指財、色、名、食、睡。喜好者，對五欲貪得無厭；恐懼者，對其避之唯恐不及。其實五欲本身並不可怕，可怕的是我們的心不知道該怎樣去應對五欲。一個人倘若沉浸在欲望裡不能自拔，當然最終結局是被欲望的洪流吞噬。為什麼我們要主張不抗拒呢？

因為人在世間必定要有正當的五欲生活。如一個人要是不吃不睡就會力氣全無。所以，我們對正當的五欲生活要不抗拒，但也不能貪婪。

(二) 對世間事不厭不求

有人對世間事多痴迷不悟，多有所求。殊不知，希求愈多，欲望愈大，破滅的可能就愈大。同樣，也有人過分厭世，離群索居，棄名唾利，一副不食人間煙火的樣子。其實，真正的智者就是對這世間要不厭惡，也不強求，而是要以一顆平常心安然處之。

(三) 對生死不懼不迷

有生必然有死，因此，不要迷戀生，也不要恐懼死。人們經常為生所迷，對死畏懼。當然，也存在一些匹夫之勇的人，他們效仿所謂的江湖好漢，生命在他們眼裡不足惜。懼死和不珍惜生命的人都沒有真正搞懂人生，充滿智慧的人對生死的看法應該是既不沉迷於長生不老，也不恐懼與世長辭。而是以坦然的心態應對生死。

(四) 對情感不冷不熱

人是有感情的動物，因此要放棄感情根本不可能，但是如果過分執著也不太妥當，因此我們要用理智來引導感情。當然，感情太淡也不妥當。感情太濃就會熱烘烘，感情太冷就會感覺為人不近人情，因此，太冷太熱都不妥當，最理智的做法就是不冷不熱，這樣可以使我們趨近於保持一顆平靜的心。

做到以上幾點，我們就能在靜心中過著美滿的生活。

生活中如何提升自我

從前有一群巨石沉埋在大地之中。在沉寂了若干萬年後漸漸有了靈性，終於有一天被人發掘出來，準備建造廟宇。

巨石被搬運到很遠的地方，有些在運輸中損壞了，剩下的那些在運到目的地之後，經過篩選，用來建造廟宇的梁柱、地基和佛像。

又經過了若干年，廟宇建設完成，由於取材講究，能工巧匠做工精細，整個廟宇顯得尤為莊重氣派，許多朝聖者不辭勞苦遠道而來參拜，知名的高僧和法師也常來講經說道。

有天，被做成臺階的巨石就問石佛：「我們都是一起誕生在世上，一起度過漫長的歲月，一起在時間的長河中修行，一起被運送到這裡。但是為什麼你成為佛像，被人日日膜拜。而我卻成為臺階，被人天天踐踏？」

佛像巨石說：「從頑石成為臺階，你們只被除去棱角，切割四邊。而從頑石成為佛像，我卻經歷了千雕萬鑿，千刀萬剮。」

從困苦磨難中走出來的人，意志特別堅強，心胸更為寬廣，處世尤為平和；生存與競爭能力自是不言而喻。

人類生活在茫茫宇宙之中，恢恢天地之間，以生命靈能的智慧創造了現代社會的微妙奇觀，而每個人又都各自懷抱著理想與願望，努力奮鬥於生命的歷程中，在共同維繫的社會裡，揮灑汗水，點綴江山，當中交織著人性中的愛與恨、善與惡，又各自享有著自我行為中苦與樂的回報。

生命要不斷完善，就要不斷地修養，並在漸漸地探索、磨礪中走向真實。古來的聖哲們都用盡畢生的精心思慮與修養來挖掘生命中的珍貴的智性與德性，以擴充人生的真實價值，使生活更加美滿。

一個人在日常生活中應該怎樣修行以提升自我呢？下面我從衣食住行、對財富的態度、人際關係，身心安排四大方面簡單說明：

（一）怎麼處理衣食住行

衣服，不外乎是蔽體，保暖之用。因而整齊清潔、簡單樸素則可，不必奢求華麗，當然也不能不修邊幅，衣衫不整。著裝太過華麗，一定被世人敬而遠之；著裝太過破爛，亦將為人所輕視。因此，著裝以符合自己身分即可。

關於飲食。進食的目的是為了增益身心，因此切忌挑三揀四，挑肥揀瘦。要帶著感恩的心享受每一粒口中的食物。

至於住和行，方便出行則可，不應該貪求享受。不應該汲汲營營於物質的追求，而為物欲所束縛。

（二）怎麼安排身心世界

世界上有這樣一群所謂的富家子弟，住則高檔別墅，出則豪華轎車，吃則山珍海味，穿則綾羅絲綢；有美女為伴，有洋酒作陪，在物欲中徹底迷失了自己。試問，這樣的人又怎麼能讓心得以安放？同樣，這個世界上還有這樣一類人，他們為表示自己的清高操守，而表現得憤世嫉俗，以粗茶淡飯為榮，這樣的做法同樣有些過分。智者總是能找到最適合的平衡點，既不追逐物欲，不為物欲所累，也不抵觸物欲，不為願望得不到而氣惱。

（三）如何和諧人際關係

與人相處，請記住十六字箴言：「你大我小，你有我無，你樂我苦，你對我錯。」闡釋開來，就是在地位上，將高位讓給別人，自己甘居低位；在物質上，將好的、優質的、多的東西給別人；在工作和享受上將輕快的、快樂的讓給他人；凡是錯的自己承認，這樣一來，大家就能夠快樂和諧相處。

世間的一切得失，榮華富貴都不過是過眼雲煙，即便你在位時叱吒風雲，得心應手，但是一旦到了生命的終點，最後誰都不過是一抔黃土。因此，又何必和人一爭長短，一較高低。放下了名位、權勢，就能享受逍遙人生。

（四）如何使用金錢財物

人生來此世間是酬業而來的，佛經說：「業不重不生娑婆。」故做人做事要多付出才能消業，也才能酬業。

擁有財富，絕不該吝嗇，在善事方面一毛不拔，只有將財富取之於民，用之於民才是大智慧。

對財富的態度我們也應該多幾分坦然，不能為了追求財富而無所不用其極，做出愚昧的行為。

第三節　看破生死的智慧

依佛教的觀點，人生了會死，死了再生，生生死死，死死生生，生死是沒有止息的。

因此，生不足喜，死亦不可悲，生死原本就是循環的關係，又何必要將生死隔斷，覺得生則可喜，死則可悲呢？

生於憂患，死於安樂

美國康乃爾大學作過一個實驗。把一隻青蛙丟進煮沸的水鍋裡，這隻青蛙立即用盡全力躍出沸水鍋，跳到地面安然逃生。

隔半小時，他們使用一個同樣大小的鐵鍋，這一回在鍋裡放滿冷水，然後把那隻死裡逃生的青蛙放在鍋裡。這隻青蛙在水裡不時地來回遊動。接著，實驗人員在鍋底下用炭火慢慢加熱。

青蛙不知情況，仍然在微溫的水中享受「溫暖」，等牠開始意識到鍋中的水溫已經使牠承受不住，必須奮力跳出才能活命時，一切為時已晚。牠有心無力，全身癱軟，呆呆地躺在水裡，終致葬身在鐵鍋裡面。

其實，世間大多數人無不像青蛙，當我們遭遇災難時，我們往往願意放手一搏，因此經常能夠發揮意想不到的潛能，從而最終克服困難。但是一到功成名就之時，我們往往會麻痺大意，在安逸的環境中享受、揮霍生命，最終喪失自我。

《禮記》說：「樂不可極，欲不可縱。」就是告誡大家不要耽於享受，尤其是過分的享受。宋代的法演禪師亦說：「福不可以享盡。」

過分的享樂生活，實際上是一個災難，一個可以為人招來滅頂之災的災難。

孟子說：「生於憂患，死於安樂。」人生旅途中，逆境催人警醒，激人奮進，而安逸優越的環境卻消磨人的意志，使人耽於安樂，享盡舒適，常常一事無成。有的人甚至在安逸之時沉溺酒色，自我毀滅。

「生於憂患」是千古不變的名言，春秋時越王勾踐臥薪嘗膽的故事是最好的注解。那時，勾踐屈服求和，屈身事吳，臥薪嘗膽，又經「十年生聚，十年教訓」，終於轉弱為強，起兵滅掉吳國，成為一代霸主，勾踐何能得以復國？這是亡國之辱的憂患使他發憤、催他奮起的結果。這說明，當困難重重、欲退無路時，人們常常能表現出非凡的毅力，發揮出意想不到的潛能，背水一戰殺出重圍，開拓出一條生路。

但是，有了生路，有了安逸，人們卻往往不能很好地把握，而「死於安樂」。這方面的例子莫過於闖王李自成了。一六四四年春，闖王攻入北京，以為天下已定，大功告成。那些農民出身的新官僚把起義時打天下的叱吒風雲的氣魄喪失殆盡，只圖在北京城中享受安樂，「日日過年」，李自成想早日稱帝、牛金星想當太平宰相，諸將想營造府第。當清兵入關，明朝武裝捲土重來時，起義軍卻一敗塗地。這正如歐陽脩說的「憂勞可以興國，逸豫可以亡身」。不可不牢記在心啊！

生命中值得擁有之物

有一個人千里迢迢來拜求佛祖，他說：「佛祖，我背井離鄉，尋找幸福很多年了，卻不知道在哪裡。有人說在山中的晚風裡，有人說在沙漠的綠洲裡，有人說在禪院的寧靜裡，有人說在貧民窟的笑聲裡……可是，這些地方我都找過了，依然沒有，您能替我指一條明路嗎？」

佛祖沒有回答他的話，只是靜靜地望著遠方。當時，湛藍的天空鋪著七色的彩霞，美麗的鳥兒在樹上盡情地歌唱，夕陽閃爍的金光照耀著綠油油的草地，孩子們在草地上盡情地玩耍……

這人面對如此美景卻依然神情沮喪，愁容滿面。過了一會兒，他看佛祖也沒有給他明示，只得又到別處去尋找幸福了。

藍天綠地，鳥語花香，人間美景，他竟然感悟不到幸福，這便是沒有領悟到要珍惜生命中擁有的。

接受自己生活的現狀，我們不必浪費寶貴的時間去改變生活的外在形式，也不必再等待別人的鼓勵，作為改變自己的動力。如果要改變，只需要耐心接受且誠實地活在當下，活在希望裡，那麼幸福就會悄然而來。

幸福並沒有具體的模樣，有人因擁有巨額財富感到幸福，有人因擁有自由而感到幸福，所以幸福僅僅是一種感覺。人的一生中有些東西是值得擁有的，比如時間、安全、希望等。

（一）時間值得擁有

佛經說：「生命在呼吸。」有時間才有生命，沒有時間就沒有生命，因此，有時間的人要愛惜時間，愛惜時間便是在愛惜生命。一個人如果不守時，不惜時，浪費時間，那麼，它就是在浪費生命。富蘭克林說過這樣一句話：「浪費別人的時間是在謀財害命，浪費自己的時間是在慢性自殺。」所以當我們擁有時間，享有生命的時候，就要好好珍惜每一分，每一秒。

（二）安全值得擁有

安全是生命最基本的需求，人生得不到安全保障，擁有再多，也是徒勞。那麼，怎樣來保障安全呢？要培福修慧，要積德行善，要有高尚的人格，這才是人生最好的保障。

（三）希望值得擁有

人擁有希望，才能有動力。人是活在希望裡的，一個人要是沒有了希望，生活、工作便失去了激情，失去了動力。有人之所以自殺，是因為失去了希望。少年希望自己長大，青年希望創業，老年希望兒孫滿堂。一個人只有擁有希望才能擁有未來，生命才有存在的意義與價值。

人不一定要擁有一時的、有限的金錢財富，最重要的是擁有時間、安全以及無限的希望與未來，這才是人生應該擁有的寶藏。

生死操之在己

地獄裡的趙判官，奉閻王之命，到人間來告知世人的陽壽還剩多少。

趙判官坐在路邊，手拿搖鈴，對著告老還鄉的甲說：「你的壽命只剩下三個月；三個月後我會到你的家中搖鈴，只要鈴聲一響，你就要隨我的引導而亡。」

趙判官搖鈴又響聲，對著經商路過的乙說道：「你的壽命也是只剩三個月，三個月後我會到你府上搖鈴，在鈴聲中，你將隨我而亡。」

甲乙二人聞言，心生恐懼，忐忑不安。從此以後，甲每日憂傷煩惱，想到自己只剩下三個月的壽命，飯也吃不下，覺也睡不好。每天只是看著自己辛苦累積的錢財發愁，不知如何是好。

與此同時，乙一想到自己還剩下三個月的生命，深覺人生苦短，即使擁有萬貫家財，又有何用？因此他廣行布施，到處造橋鋪路，隨緣濟貧救困，每天從早到晚忙個不停，忘了自己。

當三個月期限一到，趙判官按日來到甲府，早因憂鬱煩惱、心神不寧導致身體衰弱的甲，一看到趙判官，還沒等到鈴聲響起，他就倒地而亡了。而乙則因為行善布施，造福鄉里，社區感念之餘，聯手贈送牌匾，一時鑼鼓喧天，任憑趙判官的鈴聲再洪亮，也淹沒在歡樂之聲裡，乙均未聽見，照樣自在生活，深感為善最樂。

人生的前途，得失苦樂，一切操之在我。人，應該自己做自己的主人。如果苦樂、前途都被別人所操縱，活在別人的掌握之中，豈不可悲？

自己做自己的主人，並不是替別人做主！而是不讓別人替你做主！

要做自己的主人，你必須放下向外尋求答案的心態，必須放下這一生理當有所成就的念頭。自主權直接來自具體的經驗，它說：「我尊重自己的生活，並接受一切對我是真實之物，即使那對別人未必真實。」

內在的自主權和指揮別人是兩回事。一旦你要別人順從你的價值觀與信念，你便削弱了那些價值觀與信念在你生活裡的力量。如果你還需要別人的贊同才能尊重自己的生活，表示你已遺忘了內在的自主權。

任何人都有權利，也有責任說：「這對我而言是真實的，因為它對我有用。」這種自我肯定相當重要，因為沒有一個人的生活與我完全相同，我的經驗極其獨特，而且理應如此接受它。

所以，當談到「做自己的主人」時，我們的意思是學會活出真正的你，並學會看到真正的別人。修持平等心，是要從不平等中學習，讓我們接受這個過程，並透過它一起成長吧！

生命活在過程中

在希臘神話中，有一個神話人物叫薛西弗斯。薛西弗斯因犯了錯誤而受到天帝宙斯的懲罰，讓他把一塊石頭推到山頂。

薛西弗斯接受了懲罰，在他歷經千辛萬苦，將石頭推到山頂後，一個疏忽，石頭又滾回山腳。於是，薛西弗斯只得再次回到山腳，開始滾石頭的工作。然後，每次都是將石頭推上山頂後的短暫瞬間，石頭又滾落回了山腳。就這樣，日復一日，年復一年，薛西弗斯推著石頭，痛苦不堪。

有一天，薛西弗斯突然感覺到了快樂，他發現在推石頭的過程中，他推過了世間最美麗的風景。他推過了春夏秋冬，推過了風花雪月，推過了藍天白雲，推過了電閃雷鳴。天上的飛鳥為他唱歌，地上的走獸為他舞蹈，微風為他送來花草的芳香，雨水為他帶來土地的清香。

自此以後的每一秒，薛西弗斯總是微笑著面對一切幸與不幸。

薛西弗斯推出了勇氣和耐力，推出了胸懷和智慧，更重要的事，薛西弗斯推出了生命活在過程中的真諦！

沒錯，生命就在於過程本身，智者，善於在過程中發現樂趣，正如薛西弗斯。《古尊宿語錄》卷四裡有一句說：「在途中不離家舍，離家舍不在途中。」這句話相當富有禪意，非常值得玩味。

人一生的經歷就像出門旅行一樣，在這漫長的旅程之中要經過無數的休息站，一站又一站的往前行而無停止。這一站休息好了，就趕往下一站繼續參觀遊覽。每當到了站，停駐下來的時候，我們開始休息、補充糧食，養精蓄銳，為重新出發做準備。就好像是我們辛苦工作了一天回家休息，還要再準備第二天再努力的打拚，所以它是我們安身立命之處。我們日常生活起居飲食作息就以它為中心，它不就是我們臨時的家嗎？

家無形相，能安身立命之處，就是我們的家。家也沒有固定的地方，因為它隨時都在遷移，所以沒有真正的家，隨處都可以為家。

人從出生到死亡，都在旅途之上，隨著環境不斷的遷移，所以居無定所，哪裡都可以是我們臨時的歸宿，也都不是我們的住所。

只要我們能調整心態把家當成旅館，就不會執著。但是，如果因為它是飯店、旅館、是我們歇腳之處，我們就輕怠疏忽，毫不在意，不懂得珍惜，那即是事理不明，因為它畢竟是我們安身立命之處。故這一句禪語，無非在暗喻我們要住無所住，無所住而住，那就能體悟禪的真諦，而得自在解脫了。

人生是一個過程，不僅僅是一個結果。如果我們過於看重結果，就會忽略了過程中的快樂。當我們忙忙碌碌，疲於奔命時，路上的景色再美，我們也無心瞧上一眼，日子就會在索然寡味中一天天逝去，這顯然是無趣的人生。反之，如果我們在「旅途」中能欣賞身邊的景致，生命一定會因此而光鮮燦爛。

第五章　人生領悟——智慧的人生才幸福

智慧可以拯救人的靈魂，可以讓人的靈魂像鳥一樣自由自在地飛翔。具有與眾不同的智慧的人，物質世界在他眼裡僅僅是一種工具和象徵，而絕不是追求的最終目的。他不會無所事事地在自我遵循的平平淡淡順順利利中自我沉溺，也不會透過無限制的精神世界的追求來使自己的物質世界一貧如洗。他的目標似乎是要承擔一種更為廣泛的使命，為自己、也為更多的人提供一種活得更有意義的生活藝術，這樣的人生才幸福。

第一節　人一生務必要懂得的人生經驗

人生是一個過程，在此途中我們會經歷很多事情，同時自會累積很多經驗。經驗拿來獨自享用，只能受益一個人，而將經驗與眾分享，則能讓眾人受益，因此，我們理應與群眾共同分享人生經驗。

正確認識時間，善用時間

根據報導，美國將建造一座價值千萬美元的現代時鐘，它一年滴答一聲，每世紀鐘響一回，希望借此提醒繁忙的人類把步調放慢，思考一下生活的真諦。

的確，正確認識時間，善用時間，是我們需要認真思考的課題。

在現實生活中，有人每天手忙腳亂，感覺時間永遠不夠用，以至於分秒必爭；同樣也有這樣一群人，感覺光陰漫長，有度日如年之感。之所有這樣的感覺，那是因為沒有正確認識時間，不懂得運用時間的緣故。

曾有人問澤安禪師如何處理時間，禪師回答：「此日不復，寸陰尺寶。」夏禹不重徑尺之璧，而愛每日寸陰。有人感嘆人生七十古來稀，有人奮發人生七十剛開始。掌握時間的人，就擁有人生。身為芸芸眾生中的一員，你應該如何善用時間？

（一）做事要有計畫

每個人都應該對自己有一個規畫，大的規畫便是你的人生宏偉藍圖，小的規畫則是落實在每天每一件具體的事情上。做事沒有計畫，便會剪不斷理還亂。

因此，每天的工作，我們都應該事先擬定一個大概的時間表。科學研究已經證實一項事實：進行一項工作，計畫上花的時間越多，整個工作所需的總時間便會越短。因此不管有多忙，也要抽出時間來擬定一個工作計畫。

（二）行動時要集中精神

控制時間有很多原則，其中最重要的一點就是在行動時要集中精神。不善於掌控時間的人，十有八九是因為他們在做一件事情的同時，心理在想別的事情。為完成一件工作花費多少時間並不重要，重要的是在工作中不要浪費時間。在行動時集中精神，全力以赴地工作，任何問題都能解決。

（三）會工作也要會休息

適當的休息不是浪費時間，而是為了更好的工作。一個人長時間工作，片刻也不消停，這不是善用時間的辦法，那樣會讓人精力衰減，身心俱疲。忙中偷閒，適當的休息，這樣可以恢復精神，不但能提高工作效率，還能消除緊張，有益健康。做任何有益健康的事，都是善用時間。

（四）不苛求完美

做事不苛求完美，並不是允許自己做事馬虎，而是要明白，十全十美的事情是不存在的，你一味追求完美，當事情達不到你的預期效果時，反而可能會使你產生挫敗和焦躁感，這樣一來會浪費更多的時間。因此，做事不能苛求完美。

（五）不要拖延，立刻行動

做事一拖延，便會耽誤大事，浪費時間。

美國獨立戰爭期間，曲命登的司令雷爾叫人送信向凱撒報告，華盛頓已經率領軍隊渡過德拉瓦河。但當信使把信送給凱撒時，他正在和朋友們玩牌，於是他就把那封信放在自己的口袋裡，等牌玩完後再去閱讀。讀完信後，他才知道大事不妙，等他去召集軍隊的時候，時機已經太晚了。最後全軍被俘，連自己也命喪敵手。就是因為數分鐘延遲，凱撒竟然失去了他的榮譽、自由和生命！

以上是合理利用時間的幾個小技巧，希望讀者諸君都能領會，並能應用到實際生活中去。

一個人，只要能認識時間、善用時間，就能夠從分秒必爭的時間裡破繭而出；只要你懂得把握當下、珍惜此刻，自然可以領悟「剎那即永恆」的生命。

命運是可以改變的

有個小沙彌跟隨一位有神通的禪師學道。一天，禪師發現宅心仁厚的小沙彌只有七天陽壽了，為了讓他在臨終前能再見上親人一面，於是編了個理由，打發小沙彌回家了。

沒想到，一週後，小沙彌安然無恙地回到了寺廟，禪師一見，極為驚訝，便問：「你回家的這幾天都做了些什麼事？」

「在回家的途中，我經過一個水塘時，發現一堆螞蟻被困在水中，我就放了幾片樹葉，幫助螞蟻從水塘裡逃了出來。」小沙彌想了想回答說。

禪師一聽，恍然大悟，原來，小沙彌就是因為這一念慈悲救了螞蟻延長了自己的壽命。

小沙彌的一念慈悲，不但救了螞蟻的性命，也改變了自己的命運。佛教認為命運不是定型的，命運是可以改變的。只要我們善加攝持正念、謹言慎行，就可以將乖舛的命運轉變為美好的命運。

那麼，改變命運具體有什麼方法可循呢？

（一）透過改變觀念可以改變命運

透過建立正確的見解、正確的觀念可以將乖舛的命運轉變為美好的命運。正確觀念的建立，對於我們個人修身立業、社會繁榮進步、世界和平安樂都有非常重要的關係。佛教認為，一個人行為上有了瑕疵，還有挽救的機會；但若觀念偏邪不正，則遺害人類的禍患就大，解救之道就更難。

著名企業家詹宏志曾說：「觀念就是力量，僅僅認知上的改變，就是力量無窮的創意，創意不一定是改變了東西，有時候只是改變了自己，改變了想法。」觀念上的小小改變，對生活的看法有時會大不相同，重新睜開眼睛看看這個世界，人生也許會因此而改觀。

（二）堅定的信仰可以改變人的命運

一個人有信仰，就好比航海中有目標，旅程上有方向，做事有準則一樣，可以一往直前，迅速到達目的地，從而減少不必要的摸索。

信仰產生的力量能驅動我們向前，能改變我們的命運。一個人有了信仰，就會甘願為此而嘔心瀝血。縱觀古今歷史，有多少思想家、哲學家，一生追隨自己的信仰。如岳飛，從小以「精忠報國」為信念，最後求仁得仁，竭盡了忠誠，獻出了生命。可見，一個人的信仰產生的力量不可估量，甚至能徹底改變一個人的命運。

（三）堅守戒律可以改變命運

堅守戒律可以改變我們的命運。佛教認為：持不殺生戒，可以轉短暫的壽命為綿長；持不偷盜戒，可以化貧賤的生活為富有；持不邪淫戒，可以保持家庭的幸福美滿；持不妄語戒，可以獲得別人的信任讚譽；持不飲酒戒，可以常保身體的健康以及理智的清明。持戒，能將原本坎坷的遭遇改變成福樂安康的命運。

拋開佛博大精深的思想不談，在現實生活中我們每個人都應該做到不偷盜、不邪淫、不妄語，堅持不做違背倫理道德之事，不做損人利己之事，如此一來自然能改變命運。

（四）建立良好的人際關係可以改變命運

人作為社會中的一員，不能離群索居。一個人命運的好壞和社會大眾有著密切的關係。我們的衣食住行，都是仰賴社會不同階層的人實現的。佛法上說：「未學佛法，先結人緣。」一個人只有廣結善緣，給人方便，才能建立良好的人際關係。

建立良好的人際關係能改變我們的命運。日常生活中一個親切的笑容，一句鼓勵的話語，一次舉手之勞的服務，一聲真切的問候，都能帶給對方莫大的快樂，讓彼此更加融洽。建立良好的人際關係，可以讓我們的人生更寬闊、命運更平坦。

我們要怎樣掌控自己的命運，開創自己的人生？那就是要培養正確的觀念，樹立堅定的信仰，嚴守戒律，建立良好的人際關係，如果能做到這些，就能不為命運所控制，就能夠自由掌控命運。

別再替自己找藉口

一位被員工的「藉口」搞得心煩意亂的總經理，實在沒有辦法了，便在自己的辦公室貼上了一條標語，上書：「這裡是『無藉口區』。」後來，他向各個部門宣布接下來的一個月是「無藉口月」。並告訴所有人：「在這個月裡，我們只解決問題，不允許找藉口。」

在這個月裡，大家都開始按規定那樣，不找藉口，只找辦法。當月的一天，一位顧客打電話來抱怨說：「你們公司的貨送來的時間太晚了，怎麼回事呀？」

物流經理聽後，立刻道歉說：「對不起，的確是我們的錯，我們不應該把貨送遲的，我們保證下次絕對不會出現這樣的情況了。對不起！」隨後，他安撫顧客，並給了顧客承諾要補償他的相應損失。當物流經理掛斷電話後，他說自己原本是要向顧客解釋原因的，但一想到這個月是「無藉口月」，所以他立刻把藉口去掉，然後找出了解決問題的方法。

後來，那位顧客向公司的總經理寫了一封信，評價了物流經理給予他的出色的服務。顧客在信中說：「我在貴公司裡並沒有聽到千篇一律的託辭，這讓我大感意外和新鮮，因為很多公司遇到此類問題通常都是找藉口和理由的。」

找藉口只會使事情弄得更糟糕，如果不找藉口，反而專注於找方法，效果往往十分理想。這就是該公司的「無藉口月」活動得出的有益結論。

是的，找藉口只會讓事情變得更糟糕，因為沒有人願意聽你來解釋事情的原委，當事情發生後，找到辦法，解決問題才是關鍵。因此，遇事請別找藉口，因為那只會讓事情更糟糕。

遇事找藉口幾乎已經成了大多數人的習慣，當遇到問題時，他們會責怪自己兒時的經歷，或碰不上好的老師，或者抱怨組織的管理制度不好，又或者認為沒有提供解決問題的資訊。

找藉口最糟糕的是：一旦一個人習慣了找藉口，他就不再願意努力去改變自己的處境了，遇到問題時也不願意尋找方法。

例如，當你聽到「我沒有按時交報告，是因為我無法把這個團隊的所有成員及時集中起來」這句話時，你會如何反應？你感覺它是一個藉口，還是一個切實的理由？其實，這句話是藉口還是理由都已經無關緊要了，因為事情的結果已經出來了，那就是，報告已經遲交了。

一句話是藉口還是理由，這不是最重要的。最嚴重的是，養成了尋找藉口的習慣才是真正的問題所在。就拿上面那句話來說，如果它是出自一位負責任的人之口，你會認為它是一個理由，但若是其他人，你首先想到的是一個藉口。

但是，負責任的人是很少讓你聽到這樣的話的，只有不負責任的人才有機會讓你聽到。因為負責任的員工從來不會在尋找藉口上浪費時間。

「要成功，就不要替自己尋找藉口」。你在抱怨的時候，實際上你是在為自己找藉口。而找藉口的唯一好處就是安慰自己：我做不到是可以原諒的。但這種安慰是致命的，它讓你對現存的狀況開始無動於衷，並且給你一種心理暗示：我克服不了這個客觀條件造成的困難。在這種心理暗示的引導下，你不再去思考克服困難、完成任務的方法，哪怕是只要改變一下角度就可以輕易達到目的。

尋找藉口就是對所負責事情的拖延和放棄，它會讓你失去別人的信任，包括上司、朋友。所以，別再替自己找藉口。勇於接受挑戰，付諸行動，並為自己的結果承擔責任，這樣做每一件事情，相信你一定會成功。

立即行動，別讓拖延影響生活品質

有個落魄的中年人每隔三兩天就到教堂祈禱，而且他的禱告詞幾乎每次都相同。「上帝啊，請念在我多年來敬畏您的份上，讓我中一次樂透吧！阿門！」

幾天後，他又垂頭喪氣地來到教堂，同樣跪著祈禱：「上帝啊，為何不讓我中樂透？我願意更謙卑地來服侍您，求您讓我中一次樂透吧！阿門！」

又過了幾天，他再次出現在教堂，同樣重複他的祈禱。如此周而復始，不間斷地祈求著。

終於有一次，他跪著說：「我的上帝，為何您不垂聽我的祈求？讓我中樂透吧！只要一次，讓我解決所有困難，我願終身奉獻，專心侍奉您……」

就在這時，聖壇上空傳來一陣宏偉莊嚴的聲音：「我一直垂聽你的禱告。可是，最起碼，你也該先去買一張樂透吧！」

故事聽起來似乎有些可笑，可笑過之後卻不得不令人反思，生活中渴望天上掉餡餅這種荒唐事的人並不少見。這些人沉湎於夢想之中，希望有一天夢想能變成現實。但事實上，這些人永遠不會實現夢想，原因很簡單，光想不做只能是空想，只有行動才能夢想成真。

人確定一個目標輕而易舉，但要實現它則甚為不易。如果剛一開始，就充滿了抱怨，抱怨天時、地利、人和什麼都缺，抱怨前進的道路太過崎嶇，因而停止你前行的腳步，那麼任何理想都不可能實現。

克雷洛夫說：「現實是此岸，理想是彼岸，中間隔著湍急的河流，行動則是架在河上的橋梁。」我要說的是，湍急的河流更像抱怨，它總是發出各種嘈雜之音，干擾人的行動，讓人的理想難以實現。

事實上，每一個人都有理想，理想的好處是能增加人對生活的熱情，使我們在接受考驗的時候，還能為了理想而勇敢地面對。然而，除非我們以理想為基礎，付諸行動，在行動中不抱怨，否則，任何美好的理想都是難以實現的。

冥思苦想，謀劃著自己如何有所成就，是不能代替身體力行去實踐的，沒有行動的人只是在做白日夢。

有人說：生活如同騎著一輛腳踏車，不是繼續前進，就是翻倒在地。所以我們絕對不能在中途把踩在踏板上的腳放下來，停下來。任何事情行動第一，絕不要拖延，有了目標後就要馬上去做，你可以在工作中訓練自己養成嚴格的執行習慣和限時觀念，以防止自己鬆懈。

心動不如行動，勇於邁出行動的第一步，你成功的機率就會提高。一個人如果光想不做，那麼他將永遠沒有實現目標的可能。

第二節　人際交往的心得

人不能沒有朋友、同事，人不能不和他人接觸；懂得與人交往的技巧，便可以減少很多人與人之間的猜忌，可以消除糾紛、停止爭吵、提高做事效率，所以說人際社交非常重要。

守口如瓶是人的一種涵養

有一個菁英上班族失業了，為了照顧妻子的感情，他每天按往常的上班路線離開家門，只不過不再是去原來的公司，而是四處尋找工作的機會。

一個星期後，他找到了一個搬運水泥的工作。工頭見他細皮嫩肉，一副小白臉的模樣，一開始怎麼也不相信他能承受得了這項工作。但是他用事實證明，自己仍然是擁有力量的男人，儘管扛上一袋水泥後腿有點發抖。

第一天，疲憊不堪的他工作結束之後，在工地洗了個澡，換上西裝領帶，帶著疲憊的身軀往家裡趕，到家門口的瞬間，他勉強打起精神，換上滿臉笑容，大聲喊著：「親愛的，我回來了！」

妻子做了他最愛吃的菜，此外還有一盤黑木耳炒雞蛋。吃飯的時候，他向妻子說公司裡的事情。他在編織著善意的謊言。妻子用心聽著，時不時給他一個微笑，並沒有說什麼，只是叮嚀他多吃些黑木耳。

日子就這樣一天一天過，他每天編織著善意的謊言，妻子一如既往地關心他，甚至比以往更為體貼他。轉眼，二十多天過去，快接近月底發薪水的時候了。他想到了低微的薪水，不知道該如何和妻子說，這是一個大難題。

眼看這個謊言就要穿幫了，這天晚上，妻子收拾完碗筷，坐到他身邊說：「是不是該換個工作了。」他強顏歡笑：「這項工作還不錯啊，為什麼突然要換？」

「我有一個熟人，他們公司正在缺人，而且這個職位很適合你，你去試試怎麼樣，就當作是換換工作環境？」妻子輕聲細語地說。

他聽從了妻子的建議，並且很順利得到了這個工作。於是又回到了上班族的職業。其實他早已知道妻子已經知道了真相，只不過是故意裝作不知道。從她每天晚上必做的黑木耳炒雞蛋（黑木耳有清肺塵的功效），從她不再纏著他晚上陪她看電視就能看出，妻子早就知道了真相，只是為了替他保守祕密，沒有說出來罷了。

這是一個聰明的女人，知道了真相，卻能保守祕密，因而也保證了家庭的幸福。能保守祕密是人的一種涵養。世間大多數人都是傳播祕密者，每個人都以得到內幕消息以彰顯自己的身份特殊，標榜自己很有權力，認為洩密更能顯示自己的能力，因此，洩密便成了一種普遍現象。

當然，有人喜歡刺探祕密，便有人知道遠離祕密。因為知道他人祕密，有時候只會無端惹來是非，更嚴重可能會惹來殺身之禍，因此要盡量遠離別人的密談、別人的隱私。總之，只要是祕密，盡量少參與，這也是明哲保身之道。

他人的隱私大肆宣揚，這是失德，自己的隱私不去張揚，這是涵養。

對於隱私，你一定要保密，在這一方面，對你的熟人——即便你們關係非常密切——要與對一個完全陌生的人一樣，只能讓他們知道他們可以看見的東西。因為，隨著時間的流逝、環境的遷移，你將會發現即便讓他們知道有關你的最無傷大雅的事，對你來說都是極為有害的。

叔本華說過這樣一句話：「不告訴敵人的事，也別告訴朋友。祕密受我監管，我為主人；祕密遁我而去，則我為囚徒。緘默之樹結出寧靜和平之果。」

利人便是利己

從前印度有一位叫一切施的國王，人如其名，是個奉行菩薩道的大好人。不管是誰，只要是有求於他，他總會想方設法滿足所求人的心願。正因為此，他聲名遠揚。

在一切施王的鄰國，有一個婆羅門子，因為父親早逝，因此家庭生活困苦，母親無可奈何之下，讓孩子向一切施王求救，祈求得到他的幫助。

孩子聽從了母親囑咐，便上路找一切施王去了。

此時的一切施王，正遇到了難題，鄰國的國王覬覦一切施王的國土，因此帶著大隊人馬向一切施王的國土而來，想攻占這個城池。

得到消息的一切施王並沒有感到驚訝，他若無其事地照樣行事，也沒有做應戰的準備。一切施王想著生命的短促，榮華的不實，就準備等到有那麼一天，他要默默無言地把國家布施給別人。

鄰國大軍開到一切施王城下，沒有遇到抵擋，長驅直入，很快占領了城池。原來一切施王為了不讓百姓受到損害，已於前日半夜留下印綬，悄悄出城去了。他想把城池奉獻給鄰國，以換取百姓的平安。貪得無厭的鄰國暴王為了斬草除根，出重金懸賞捉拿一切施王。

一切施王離開王宮之後，正好遇見那受了母命前來求乞的婆羅門子。一切施王得知小孩的遭遇後深表同情，答應滿足他的乞求。小孩很疑惑，心想：一切施王身無一物，如何幫助自己呢？一切施王說：「鄰國國王正出重金來捉拿我。你拿我的首級去換取重賞吧。」小孩不忍心，最後一切施王說：「你把我捆綁起來，押送過去，總可以吧？」

小孩年幼無知，便照一切施王的話去做。進入城內，城中百姓看到一切施王被捆縛押著回來，都悲傷不已。有人把一切施王被抓的消息傳給暴王，暴王隨即命人將其帶進宮裡。大臣們看到一切施王，都伏地痛哭。暴王問大臣們：「你們為什麼這樣悲傷？」「大王，一切施王不但丟棄了國家和王位，現在更把他的身體生命布施給人，他的行為實在偉大，我們被感動得情不自禁了！」

暴王聽了大臣們這麼說，殘暴的心漸漸平息下來。他跪倒在一切施王面前，把印綬歸還給他，說：「我久聞大王的聖德，因不服氣，才想來攻打您的國家，怎知道來到了您的國度內，並沒有一兵一卒的準備，當時我懷疑您只是徒負虛名而已，您並沒有那樣的能力，到今天，我才算確實看到您的德行了。請原諒我是個愚痴小人，以後我願聽大王您的領導，讓我永遠跟隨您。」

這就是利人又利己的故事，救人急難等於救自己。

在大乘佛教中，菩薩發心先為眾生後為自己，「但願眾生得離苦，不為自己求安樂」。其利人的精神可見一斑。一個普通人即便不能做到利人不利己，至少要能從利己想到利人，即所謂「自利利他」。

一位智者曾經說過：「所有世間樂，悉從利他生，一切世間苦，皆由自利成。」實際上，有利於他人才是真正的有利於自己。

我們要在利人中實現利己，要在利己中達到利人，在利人利己中找到平衡。當然不是絕對的平衡，有時可能是利人大一點，有時可能是利己大一點，但是在整個局面上要把握利人和利己的平衡。其實，利人和利己是統一的。真正的利人，一定也是利己的，哪怕一時不利己，從長遠看是利己的，哪怕局部不利己，從總體看是利己的；真正的利己，一定也是利人的。從社會文化心態的角度出發，我們說話辦事應當多從利人的立場出發，但是我們心裡要明白，利人和利己是一體的。找到這樣的感覺，做事情就會保持心理平衡，就會樂此不疲。

要防止發生這樣的情形，有的時候恰恰是因為「利人」，反而害了別人，也害了自己。比如我們不斷地呵護一個人，竟然讓他產生了依賴心；比如我們不斷地關心一個人，卻發現這個人他本來就是利用我們的慈悲，很惡意地索取我們的關心，我們的關心使人變得心惡了。這樣的「利人」還有價值嗎？我們使人依賴，使人更弱了，使人更惡了，我們沒有做到真正的利人，同時也沒有利己。人與人之間的關係，應當是自主的，是互利的，是自然的，是快樂的，而不是虛偽的，不是強迫的，不是痛苦的，應當追求一種平衡和諧的狀態。

與人相處之道

有一天，布朗夫人僱了一個叫貝絲的女傭，讓她下星期一開始正式上班。在此期間，她打了一通電話給女傭的前雇主，詢問了個人情況，沒想到，得到的評語卻是貶比褒多。

到了星期一，女傭來了，布朗夫人就對她說：「貝絲，幾天以前，我打電話請教了妳的前任雇主，她告訴我說妳為人既老實又可靠，還煮得一手好菜，帶孩子也非常細心，唯一的缺點就是處理家務有點外行，總將房子弄得髒兮兮的。我想她的話並不完全可信，從妳的穿著可以看出，妳是一個非常愛乾淨的人，我相信這是妳的習慣，妳肯定也會將家裡打掃得乾乾淨淨。我想我們會相處得很愉快的。」

後來，她們相處得非常開心，貝絲真的將家裡整理得井井有條，而且一塵不染，工作很勤奮，寧可自己加班，也不耽擱工作。布朗夫人看在眼裡，樂在心裡。

不能不說布朗夫人非常高明，她懂得與人相處的技巧。事實上，只要你願意尊重對方的特殊才能，高度地給予讚賞，每個人都會把自己的優點表現得淋漓盡致。要是你想讓人懂得自尊自愛，那麼，你就應該率先尊重他。如果想矯正一個人的缺點，不妨先反過來讚美對方的一些優點，他才會樂於迎合你的希望，改正自我。

「自傲的人難有知交，自私的人難有群眾。」人是社會的動物，不能處理好群我關係就會造成煩惱和失敗。一個人要自我提升，必須靠思想教育來啟發；人我的相處之道，則要靠生活教育來訓練。

人不能沒有朋友、同事，人不能不和他人接觸；懂得人我相處之道，可以減少很多猜忌、糾紛和仇視，所以人我相處之道非常重要。如何與人相處呢？

（一）要相互了解

千人千面，不同的人，有著不同的思想，不同的行為。因此，在和人交往時，要了解對方，當你了解了對方，知道他為什麼會跟你不同，自然就不會跟他計較。這就好比你愛吃飯，你的朋友愛吃麵食；愛好不同，但你了解他愛吃麵食就跟你愛吃米飯一樣，那麼你也就能接受他愛吃麵食的習慣了。相互了解，就是彼此都知道「你為什麼要這樣」，則一切都可以理解。

(二) 要互相體諒

正因為每個人都是不同於他人的獨立個體，因此每個人都有獨屬於自己的觀念，這樣一來，對同一事物可能就會有不同的看法，你認為是對的，他就有可能唱反調，認為是錯的，他也可能會認為你是在唱反調。其實這完全是觀點不同所導致的，並不是彼此故意和對方作對。因此，與人相處要容許不同意見的存在，相互體諒，便能和平相處。

(三) 要相互尊重

一個懂得尊重別人的人才能贏得好人緣。一個人不能只看到自己的長處，藐視別人的長處，歧視別人的短處。

一個人一旦不懂得尊重人，就會出言不遜，就會目空一切。因為目中無人，因為孤芳自賞，就無法和周圍人和氣相處。無法和周圍人和氣相處，最終被孤立的只會是自己。因此，人生在世，一定要懂得尊重人，只有互敬互愛，才能共同生存。

（四）要相互包容

包容能化解世上一切的矛盾、誤會，能給人美好的環境，美好的心情。包容是一種修養，是對自己的人格與性情的冶煉，從而使自己心胸趨向博大，使自己的視野變得寬闊。那麼，我們在人生旅途上，即使是遇到了淒風苦雨的日子，碰到了困苦與挫折，我們也能坦然走過，因為我們堅信，一切都將過去，只要寬容以待。然而，因為我們衝動，我們追求特立獨行，我們不顧後果，所以，往往是一件小事就導致相互間產生矛盾。於是你看不起我，我又不屑於你，最終釀成不可收拾的局面。在我們身邊，經常發生許多打架事件，起因都十分簡單，比如你碰了一下我，或者相互罵了一句之類的，事態便一發不可收拾，輕則手腳傷了一點，重則打傷要害，後悔一生。其實如果彼此冷靜下來，不要意氣用事，相互包容一點，事情或許就能得到更好的處理。

（五）要相互讚美

渴求他人的注意，並希望他人感到自己的重要性，這也許是人性的一大特徵。因此，要滿足他人的這種願望，你只需學會一點點：真誠地讚揚他人。但有些人就是不善此道，他們要麼不去讚揚他人，要麼虛情假意，讓人一眼識破，這種虛偽的讚許只能更加令人反感，更遭人憎惡！何不發自內心，出於真誠，對他人施予稱讚之辭！同時，你也能從中獲得應有的回報。

吝嗇讚美的人有兩種：一種是孤芳自賞的人，另一種是不明白讚美的好處的人。前者不屑於讚美他人，後者卻因為忘了讚美而失去很多。

人的生命只有一次，所以，任何能貢獻出來的好與善，我們都應現在就去做，比如去讚美他人。不要遲緩，不要怠慢，真誠去表示你的友善，去讚美和欣賞他人。

我們不要老是想著自己的成就和需要，而應盡量去發現別人的優點，然後，不是逢迎，而是出自真誠地去讚賞他們。要「真誠、慷慨地讚美」。而人們也會把你的言語珍藏在記憶裡，終生不忘。

(六) 要互助合作

這個世界之所以能飛速向前發展，是得益於全球人類的合作。世界上任何一件事不可能靠一個人獨立完成，其在完成過程中，不是使用了他人提供的工具，便是使用了他人提供的方法。

因此，我們要懂得互幫互助，因為只有這樣，事業才能獲得發展，和合才能共贏。

人際溝通法門

巴頓將軍為了展現他對部下生活的關心，有一次突然出現在士兵食堂。在食堂裡，他看見兩個士兵站在一個大湯鍋前。

「讓我嘗嘗這湯！」巴頓將軍向士兵命令道。

「可是，將軍……」士兵正準備解釋。

「沒什麼『可是』，給我勺子！」巴頓將軍拿過勺子喝了一大口，怒斥道：「太不像話了，怎麼能讓戰士喝這個？這簡直就是刷鍋水！」

「我正想告訴您這是刷鍋水，沒想到您已經嘗出來了。」士兵答道。

排水溝如果不通暢，就會汙染環境，影響生活品質。人際往來，如果溝通不良，也一定會滋生困擾。巴頓將軍因為沒能和部下有一個良好的溝通，最後身受其害。

由此可見，只有掌握好人際溝通的技巧，才能不敗於競爭激烈的社會。

人際溝通的目的，是為了取得彼此的共識，達成意見一致，而並不是強迫對方接受自己的意見，因此，要能站在對方的立場上，設身處地地替對方著想。

人際溝通是一門學問。一個人不管和誰接觸，首先要做到的就是一個有效的溝通。想讓你與人的溝通成為有效的溝通，需要做到以下兩點：

（一）坦誠相待，主動溝通

與人溝通，最重要的一點就是要讓對方感受到你的坦誠。以開放的態度與人交往，這樣別人才會覺得你值得信賴，才會以一種真心交流的態度與你相處。

以理服人並不是溝通的好方法，如果沒有讓對方感受到你的坦誠，即便你將一件事情的道理講得非常明白，同樣也不會讓對方信服你。因為人是有強烈感情色彩的動物，生活中情大於理的情況比比皆是，在感情與道理之間，人往往側重於感情。

態度坦誠是有效溝通的前提，主動溝通才能讓你將周圍的人團結到自己身邊，才能讓你占得先機。透過主動溝通可以破解誤會，化解隔閡，搭建起友情的橋梁。

（二）了解對方，適度恭維

恭維聽起來有些拍馬屁的意思，但實際上，這個詞本身並沒有什麼諷刺意義，利用好了，在和他人交流時會替你出力不少。每個人都有他獨有的性格、愛好，有他慣有的行事作風和習慣。因此，了解你的談話對象，適當的時候給予其合理的恭維，定能有意想不到的效果。

因為人總是喜歡被人恭維的，即使對方知道你講的是恭維話，心中也免不了會沾沾自喜，這是人性的弱點。換句話說，一個人受到別人的誇讚，絕不會感覺厭惡，除非對方說得太離譜了。

恭維別人時要有一顆誠摯的心及認真的態度。言辭會反映一個人的心理，因而輕浮的說話態度，很容易被對方識破，而產生不快的感覺。

總之，與人溝通要講究方法、運用技巧。但是，絕不狡詐詭譎，不欺上瞞下，不阿諛奉承。

第三節　存世的智慧

人既然來到了這個世界，那就理當以自己的智慧，自在地活著，既不可妄自菲薄，也不可自命不凡，唯我獨尊；既非自私地活著，也非為別人活著，而是身為社會的一分子積極地活著！積極掌握理財的技巧，養生的方法，治家的妙招，活出自我的風采。

現代社會高速發展，如何理財投資成為許多人關心的問題。投資與理財密不可分，個人如何理財，家庭如何理財，這些問題是你需要了解的。良好的理財習慣讓資本更好的發揮功效，幸福美滿的生活需要有理財規畫！具體如何理財，我分四個方面為大家講解：

（一）要規劃預算

你所做的任何一件事，都需要有規畫；每一項計畫開始前，都需要有預算。對你每月中各項必須支出的項目進行預估，主要包括你的房租、飲食、衣著、通訊、休閒娛樂等方面，盡量壓縮不必要的開支，預算便是在控制支出。

（二）要開源節流

開源節流是經濟學上理財的不二法門。沒有開源，沒有來路，怎能有錢？沒有節流，錢財一直浪費、流失，怎能保有？開源節流沒有一定的程式，但看各人如何規劃、預算。

（三）要學會記帳

錢往往是花完後不知道到底用在哪裡，於是，這時我們需要透過記帳的方法，來追蹤錢的去向。記帳，你就能知道自己每個月的錢到底都用到什麼地方去了，什麼是應該花的，什麼是可花可不花的。採用記帳的方法可以時刻提醒你已經花了多少了，至少不會入不敷出。

(四) 要分散投資

分散投資就是不要將所有的雞蛋放在同一個籃子裡，換句話來說就是分攤風險。當一個人的財富達到某一個階段，便可以選擇分散經營，這樣，可以多增加幾個贏利點。當風險來臨時，也可以規避掉一部分風險，不失為一種穩妥之法。

理財有方，必能讓財富增值。以上「理財四事」，僅供參考。

健康有講究

列寧說：「身體是革命的本錢。」這個身體只能是健康的身體。健康豈止是革命的本錢，它應該是人生一切的本錢，個人成長、家庭和諧、建功立業，哪一樣離得了健康的身體。因此，保持健康與如何保持健康，應該是所有人關注的問題。在人的一生中，健康的重要性無論如何強調都不過分，有一句毫不誇張的響亮口號：「保持健康是做人的責任」。

世界衛生組織對健康的定義是：「不僅沒有疾病和虛弱，而且心理適應競爭社會時處於完美的狀態中。」如何才能做到這一點，世界衛生組織則提出了健康的生活方式，即健康四大基石：合理膳食、適量運動、戒菸限酒、心理平衡。我在此借鑑世衛組織的觀點，並根據自己的體會，做了相應補充，我提出了健康八法的主張：

（一）飲食清淡

俗話說：「病從口入。」人生許多疾病，都是從口而入的，所以要想身體健康，對於每天的飲食不能不注意。

何謂飲食清淡，所謂飲食清淡，係指低鹽、低脂、低糖、低膽固醇和低刺激等「五低」飲食而言。

低鹽即少食鈉鹽。因為鈉鹽過多會誘發高血壓病，據世界流行病學調查表明，食鹽較多地區的居民高血壓發病率明顯高於其他地區。營養學家主張日食鹽不超過六公克。

低脂即少食油脂。因為科學研究發現，過量的脂肪是導致肥胖、高血脂、冠心病和某些癌病的元兇。專家認為每天攝脂總量不超過膳食總熱量的百分之三十。

低糖即少食游離糖。游離糖即人工添加到飲料或食物中的單糖（如葡萄糖、果糖）、雙糖（如蔗糖或砂糖）以及存在於蜂蜜、糖漿、果汁和濃縮果汁中的天然糖類總稱。因為它不含基本營養素，食糖過量也會影響人體健康。

低膽固醇即少食含膽固醇高的動物食品。因為膽固醇過高會導致動脈硬化和心腦血管病等多種疾病。專家認為日食肉類食品不能超過三百公克。

低刺激即少食辛辣食品。

總之，飲食要「五低」，同時也要葷素結合、酸鹼平衡，達到營養的最佳狀態。如此清淡養生，才會有利健康。

（二）營養均衡

現在生活水準越來越高，我們的飲食也越來越豐富，可是身體所攝取的營養卻在下降，各種慢性病也大幅度增加。其實，首要的原因就是營養失衡。

現代人大量攝取高脂肪、高熱量的速食，以及各種精製或半成品食物，讓許多人日常的卡路里消耗中有百分之三十五至四十五都來自脂肪，而富含維生素的蔬菜、水果及其他未加工和粗加工的食物攝取量卻越來越少。也就是說，儘管我們每天都享受著豐富的美味佳餚，但卻僅僅滿足了味覺、視覺和單純的能量需要，營養的攝取仍然是缺乏的。

而日常所需營養和微量營養的失衡帶來的直接後果，就是各類細胞發育不良、不健全，功能失調，更新複製受阻。這時候，虛弱甚至畸形的細胞不但承擔不了維護肌體健康運轉的責任，更抵擋不了任何有害因素的攻擊。從而就會誘發高血壓、高血脂、心腦血管疾病、肥胖、糖尿病、骨質疏鬆、老年痴呆等慢性病。

由此可見，健康之道，不一定在於吃得飽或吃得好，主要是每日攝取的營養要夠，而且要均衡，如此腸胃吸收正常，自然產生充足的體力，自然不容易為疾病所侵犯。

(三) 適度運動

「生命在於運動」雖早已為世人所熟知，但運動不能過量，一定要在運動前面加上「適度」二字。專家們指出，運動對健康的良好作用，只有在適當運動量之下方能獲得。運動量過小，刺激不能引起肌體效能反應，達不到強身健體的作用；運動量過大，肌體負荷超載，又會傷害身體。因此，適度運動是體育鍛鍊的首要原則。

(四) 作息正常

健康的身體需要有正常的作息時間。有的人作息時間不依照晝夜規律運行，晚上不睡覺，早上不起床，忙碌時不休息，休息時不肯做一點事。這種無規律的起居，必然導致人體生理時鐘的紊亂，自然無益於健康。

(五) 心態平和

世間萬事萬物，你可用兩種觀念去看它，一是正的，積極的；另一個是負的，消極的。好的心態可使人快樂、進取、有朝氣、有精神，消極的心態則使人沮喪、難過、沒有積極性。

心平氣和的人生，如同天朗氣清，萬物都會微笑，因此不要把自己的世界，搞得每天都像「山雨欲來風滿樓」，這樣一來，不但自己不快樂，跟你一起生活的家人、朋友也不會歡喜。所以，心平氣和的人生，安詳自在，皆大歡喜。

(六) 樂觀進取

人的健康，不只是身體外表上有充沛的體力，也要重視內心的豁達樂觀。按著目前的研究：人類壽命的自然極限應為一百三十歲到一百七十歲之間，但大多數人至今都未活到這個年齡。長期以來，科學家也進行大量研究，開始承認，人的疾病與壽命除了「生物模式」之外，還存在著「心理、社會醫學模式」。中東地區一位一百五十幾歲的長壽者，把自己長壽的祕密概括為一句話：「快樂的生活。」

絕望導致早死。研究者發現，老年喪偶後的半年裡，死亡率比相同年紀的人高出六倍。悲觀破壞免疫功能，情緒不僅是一種心理體驗，也是一種身體經驗。悲觀不僅會造成代謝功能的失調，如心跳、血壓、消化功能的紊亂，而且會使內分泌破壞或降低免疫功能。

快樂會使生病的人忘記痛苦，甚至會使生病的人也能比常人活得久。

（七）心理健康

什麼叫心理健康？一九四六年，第三屆國際心理健康倡議聯合會定義為：心理健康，是指在身體、智能以及情感上在與他人不相矛盾的範圍內，將個人心境發展成最佳狀態。具體表現為：身體、智力、情緒十分協調；適應環境，人際關係中彼此能謙讓；有幸福感；在工作和職業中，能充分發揮自己的能力，過有效率的生活。

一個人，只有心理安穩，身體才會健康。

養生有方法

現代社會，各方面都在進步，有愈來愈多的人注重養生，這也是社會的進步之一。養生之道，大致上概括了幾千年來醫藥、飲食、宗教、民俗、武術等文化方面的養生理論。其內容不外以下四點：

（一）順其自然

順其自然，主要強調在養生的過程中，既不可違背自然規律，同時也要重視人與社會的統一協調性。正如《黃帝內經》主張：「上知天文，下知地理，中知人事，可以長久。」

歐陽脩云：「以自然之道，養自然之身。」同樣是說養生要順應自然規律。有了這個

「順」字，活動才有序，心境才平和，情緒才穩定，選擇才得體；不造作，不呆板，不勉強，也不過分。順乎生命的自然規律，壽命自然能夠延長。

（二）養生先養神

古醫籍《壽世保元》有詩云：「惜氣存精更養神，少思寡欲勿勞心。」大意是：人欲延年百歲，首先要斂氣保精以養其內在精神。的確，「養神」是養生的重要內容，只有精神健康，才能真正長壽。

精、氣、神乃人身之三寶，是祛病延年的內在因素，精與氣又是神的物質基礎。精氣足則神旺，精氣虛則神衰。神是整個人體生命活動的外在表現，也就是人的精神狀態、思維活動。神，在人體居於首要地位，唯有神的存在，才能有人的一切生命活動現象。古代養生家強調指出：「神強必多壽。」這裡所說的「神強」實為腦神健全之意。只有腦神健全，才能主宰生命活動、臟腑協調、肢體運動、五官通利，全身處於陰陽平衡的正常生理狀態。所以說，精盈、氣充、神全，為養生長壽之本，而調攝精、氣、神的關鍵又在於養神。

古往今來，醫家、道家、養生家們都十分重視精神調養，重視精神治療和心理養生的作用。認為養生的關鍵在於排除雜念。保持心地純樸專一，順乎天理，就能達到養生的目的。他們認為「善攝生者，不勞神，不苦形，神形既安，禍患何由而致也」。著名醫者石天基作了一首〈祛病歌〉：「人或生來氣血弱，不會快活疾病作。病一作，心要樂，病都卻。心病還將心藥醫，心不快活空服藥。且來唱我快活歌，便是長生不老藥。」

神只可得，不可失，只宜安，不宜亂。傷神則神衰，神衰則健忘失眠，多夢煩亂；神不守舍則發為癲狂，甚則昏厥。安神者在於七情適度，喜、怒、憂、思、悲、恐、驚各有法度，適可而止。「喜傷心，怒傷肝，思傷脾，悲傷肺，恐傷腎」，五臟所傷則精神渙散，精神渙散則神志衰減，神志衰減則諸病叢生。以上三者又相互聯繫。互為因果。現代醫學也證實，人類疾病有百分之五十至八十是由於精神過度緊張引起的，如高血壓、心跳過速、神經衰弱等。

總之，中醫養生，著重精神。神的充耗安亂，關係到人的健康長壽，養生應當養神。人們若能遵循古訓，修德養性，培養情操，健腦全神，方能享人生「天年」之壽。

(三) 動靜結合

現代醫學主張「生命在於運動」，中醫也主張「動則生陽」，但也主張「動中取靜」、「不妄作勞」。

動，就是運動。每天清晨，你可以迎著朝陽，到公園散步。散步是一種簡易的健身方法，一不用場地，二不用器材，三不需要老師教，無師自通。在散步中，可以領略大自然的風光，聽小鳥鳴叫，看可愛綠意，是一種生活的情趣和享受。

靜，不是終日閉目養神，而是安靜地讀書。

讀書使人快樂。法國有一位學者曾經說過：「沒有比讀書更廉價的娛樂，也沒有比讀書更持久的滿足。」

平時不接觸書，就像不懂樂理的人看五線譜一樣，自然領悟不到其中的奧祕與樂趣。其實讀書的過程也正是產生興趣的過程。倘使你能每天坐在書桌旁，安安靜靜地讀幾頁書，那種愉快的感覺便油然而生，縱有天大的煩惱和雜念，都統統拋之腦後，自然有利於身心健康，因此，養生要注意動靜結合。

(四) 審因施養

所謂審因施養，就是指要根據實際情況，具體問題，具體分析，不可一概而論。一般說來，可因人、因時、因地不同而分別施養。不能千人一面，統而論之。

因人制宜，是指因人的年齡、體質、職業不同應有差異。醫學理論不僅認為治病養生須因人而異，還須因地、因時而宜，提倡綜合、靈活的養生。

因地制宜，人的生存受制於地理環境，並因環境的差異患有不同的地方病，因此，中醫認為「不用地之理，則災害至矣」。環境養生有三大要素：一、自然環境；二、居住環境；三、室內環境。

因時制宜，就是按照時令節氣的陰陽變化規律，運用相應的養生手段保證健康長壽的方法。因時養生的原則：一、春夏養陽，秋冬養陰；二、春捂秋凍，慎避虛邪；三、冬病夏治、冬令進補。

治家有技巧

家，是父母兄弟姐妹所共有，因此維護家庭和睦、幸福不能只靠某一個人，應該是家中所有人都應該負起的責任。家是安樂窩，鳥兒分頭銜草做窩，築成一個躲風避雨的鳥巢；人也一樣，應該由家人同心協力，共同把家治成一個溫馨幸福的快樂園地。

如何讓家成為溫馨的港灣？

（一）努力營造和諧的家庭氛圍

有一句話叫「家和萬事興」。意思是說「和」才能讓家庭興旺發達。一個家庭如果婆媳不和，兄弟反目，甚至夫妻交惡，那麼這個家庭一定不會快樂，一定不會幸福。由此可見，維護一個安樂窩的家，必須是家庭中的每個成員都要能與人為善，遇事能忍讓，如此才能營造和諧的家庭氛圍。

（二）諸惡莫做，眾善奉行

家庭中的人員，如果不為家庭積聚好事善緣，而經常惹是生非，為家庭增添負擔，或者是敗壞門風，成為他人茶餘飯後的談資，那麼就會讓家人彼此抱怨，家裡必然會籠罩著不愉快的氣氛，在這樣凝重的氛圍裡，日子又怎麼會好過。所以，家人之間，要相互規勸，要積德行善，這樣才能為家裡帶來歡樂。

（三）懂得量入為出

每一個人都要知道家庭中的財務狀況，不要讓個人的支出超出家中所有。每個人都要想方設法替家庭節約，而不是人人想著從家裡多分一杯羹。能夠家財共享，懂得「量入為出」，也是家和的一個重要因素。

（四）以教育為本

讓家庭的每個人盡可能多地接受教育，因為只有接受教育才能改變氣質，才能去除自私，才能與人和合，團結一家。讓家庭中的每個人知書達理，尊老愛幼，讓家庭成為書香之家，如此才能達到和諧社會的美好願望。

(五)以禮讓為懷

家庭的和樂，要建立彼此謙虛、禮讓，要有「你大我小、你有我無」的雅量。如果每個家庭都能如此，社會必然和諧安樂。

家，不是任何一個個人的，家是全家大小所共有的，以愛自己之心來愛家，以愛家之心來愛鄉里，以愛鄉里之心來愛國家，如《大學》中說：「家齊而後國治，國治而後天下平。」家和諧了，社會自然也就和諧了。

電子書購買

國家圖書館出版品預行編目資料

養心，不走心：煩躁、孤獨、壓力大？你的心傷值得被好好撫平 / 卓文琦，一塵著. -- 第一版. -- 臺北市：崧燁文化事業有限公司，2022.04
面；　公分
POD 版
ISBN 978-626-332-298-1(平裝)
1.CST: 人生哲學
191.9　　111004390

養心，不走心：煩躁、孤獨、壓力大？你的心傷值得被好好撫平

臉書

作　　者：卓文琦，一塵
發 行 人：黃振庭
出 版 者：崧燁文化事業有限公司
發 行 者：崧燁文化事業有限公司
E-mail：sonbookservice@gmail.com
粉 絲 頁：https://www.facebook.com/sonbookss/
網　　址：https://sonbook.net/
地　　址：台北市中正區重慶南路一段六十一號八樓 815 室
Rm. 815, 8F., No.61, Sec. 1, Chongqing S. Rd., Zhongzheng Dist., Taipei City 100, Taiwan
電　　話：(02)2370-3310　　**傳　　真**：(02) 2388-1990
印　　刷：京峯彩色印刷有限公司（京峰數位）
律師顧問：廣華律師事務所 張珮琦律師

定　　價：299 元
發行日期：2022 年 04 月第一版
◎本書以 POD 印製